THÉORIE
DU CORPS AMOUREUX

Pour une érotique solaire

Paru dans Le Livre de Poche :

L'Art de jouir

Cynismes

Le Désir d'être un volcan

La Politique du rebelle

La Raison gourmande

La Sculpture en soi

Le Ventre des philosophes

Les Vertus de la foudre

MICHEL ONFRAY

Théorie
du corps amoureux

Pour une érotique solaire

GRASSET

© Éditions Grasset & Fasquelle, 2000.

SOMMAIRE

PRÉFACE : L'HEUREUSE VOLUPTÉ DES LIBIDOS
JOYEUSES 17

OUVERTURE : MANIFESTE POUR LA VIE PHILO-
SOPHIQUE 31

Les sirènes et l'inéluctable puissance du désir.
La génisse et la nature animale du plaisir. Les
serpents et l'irréductibilité du masculin et du
féminin. Le chien et la fidélité comme
mémoire. Semblances et dissemblances ontologiques. Réponses modernes, réponses
anciennes. Déconstruire l'idéal ascétique avec
le carrelet, l'éléphant et l'abeille. Formuler un
matérialisme hédoniste avec le poisson masturbateur, le pourceau et le hérisson. Déchris-
tianiser la morale avec un bestiaire. Résoudre
le problème du rapport possible entre les
sexes. Pour le libertinage : art de rester soi
dans la relation à autrui. Rendre possible la vie
philosophique. En finir avec la vie mutilée.
Contre la philosophie des problèmes, pour la
philosophie des solutions. Le modèle antique
pour définir le penseur à venir. Vie, œuvre et
biographie élargie. Vivre et philosopher. Le
sage et le philosophe. Une médecine de l'âme.
Pour un épicurisme hédoniste, contre l'épicurisme ascétique. Étymologies épicuriennes :
le secours. Cacher sa vie, recouvrer ou créer la
souveraineté.

8   *Théorie du corps amoureux*

PREMIÈRE PARTIE : GÉNÉALOGIE DU DÉSIR   43

Chap. 1 – Du manque
         Épiphanie du carrelet philosophique

Portrait du carrelet. Profil et face. Nager.
Métaphore d'Aristophane. Emblématique de la
nature humaine. Lecture fautive du désir
comme manque. Le modèle androgyne. Descriptions physique et psychologique. Section,
coupure et genèse des sexes et des sexualités.
Premier lieu commun : le désir est manque.
Désir, culpabilité et faute. Nécessité et déterminisme tragique de la différence sexuelle.
L'amour, quête de ce qui n'existe pas.
Deuxième lieu commun : le désir se réalise et
s'apaise dans le couple. Théorie de la sphère.
Désir d'alliage. Recouvrement de l'unité primitive dans la fusion. Disparition des singularités. Modèles présocratiques et orphiques. Le
couple, formule mathématique de la sphère.
Fils de la Terre et Amis des Formes. Troisième
lieu commun : schizophrénie entre l'amour
terrestre et l'amour céleste. Embrasser et
incorporer. Sur l'huître. Théorie des deux
amours. L'attelage ailé. Vers le ciel et vers la
terre. Christianisation du platonisme.

Chap. 2 – De l'excès
         Frasques du poisson masturbateur

Haine de Platon pour Démocrite. Fracture
entre idéalistes et matérialistes. Versions du
matérialisme. Désacraliser, démystifier. Le
désir comme énergie atomique. Physiologie et
anatomie. Théorie des forces contre mythologie des formes. Le modèle solipsiste onaniste.
Aphrodite hydraulique et logique séminale.
Excellence de tous les plaisirs. Le désir, par-
delà le bien et le mal. Le poisson masturbateur. Bestiaire cynique. Logique de la
décharge. Purgation et catharsis. Matérialisme
hédoniste cynique. Besoin d'éjaculer. Désir

Sommaire

matériel et atomique. Plaisir solitaire et solipsiste. Le désir comme excès qui vise le débordement. Laïciser la chair, désacraliser les corps. Atomisme et liberté. Diététique des passions. La puissance animale en l'homme. Simulacres et âme atomique. Le désir, perturbation de la matière. Le plaisir, restauration de l'équilibre. Diététique épicurienne des désirs. Évitement, satisfaction. Lucrèce et l'invention du libertinage. Pure volupté et physiologie des passions. Solitude existentielle, ontologie égalitaire. Universalité, entropie du désir. Avantages de l'amour sans inconvénients. Inconstance amoureuse et constance du sage.

DEUXIÈME PARTIE : LOGIQUE DU PLAISIR **101**

Chap. 1 – De l'économie
        Emblématique de l'éléphant monogame

Portrait de la hyène lubrique. Antidote de l'éléphant. Du couple et de la fidélité monogame. Travail, Famille, Patrie. Pudeur et continence sexuelle. Origine juive de l'idéal ascétique. Haine de la vie, détestation des femmes. Monothéisme et invention de la misogynie. Dieu, l'interdit, la Loi. Le fantasme de la concupiscence généralisée. Misogynie et naissance de l'idéal ascétique. Genèse de la femme, du négatif et du mal. Ève invente la philosophie, péché mortel. Négativité et différence sexuelle. Haine de soi paulinienne. Aversion, répugnance, exécration de la chair. Platonisme de Paul. Renoncer au plaisir. Restaurer l'état édénique. La virginité comme absolu, le mariage comme concession. Nourrir le désir captif, chérir le plaisir chétif. Une dialectique de l'histoire des corps. Méthode d'Olympe. Exercice de vertu, programme de vie et progrès ontologique chrétien. Techniques du renoncement. Abolition radicale de la continence ou codification de la sexualité. Les pragmatiques contre les intégristes du négatif.

Fixer, sédentariser, réduire le désir nomade. Réussir une chasteté abordable ou manquer une continence impossible. Le pénitentiel. Édiction sociale des règles de chasteté. Tiédir pour ne pas brûler. Le possibilisme sexuel. Déluge et agencement binaire. Genèse du côte à côte. Couple, mariage, engendrement et fidélité monogamique. Devoir conjugal et prostitution. Legs judéo-chrétien. Pour une doctrine féministe.

Chap. 2 – De la dépense
      Facéties du pourceau épicurien

La femme au porc. Cochon, sensualité et plaisir. Une histoire philosophique du cochon. Symbolique tellurique et immanence. L'incapacité ontologique à la transcendance. Du philosophe ascétique au pourceau d'Épicure. Pointage d'un glissement sémantique. Hystérie anti-hédoniste et haine de soi. Épicurisme ascétique et épicurisme hédoniste. Absence de haine du plaisir en soi chez Épicure. Ataraxie et plaisir sexuel conjoints. Posséder le plaisir, ne pas être possédé par lui. Théorie de l'autonomie intégrale. De l'ascétisme méthodologique à l'hédonisme pragmatique. Métempsycose et métensomatose du pourceau. Métaphore platonicienne. Épicurisme fermé de l'École, épicurisme ouvert des élégiaques. Éthique du souci de soi et du loisir. Sources du libertinage solaire. Adhérer au seul instant. Une éthique de la présence. Les durées magnifiques. La pure jouissance d'exister. Formes de l'épicurisme hédoniste : théorie de la désillusion, éthique du consentement à la nécessité, exacerbation du souci de soi, diététique des désirs, arithmétique des plaisirs. Pour un éros léger et ludique : volupté du hasard désiré, joie du conflit sublimé, plaisir du théâtre joué, sensualité du vertige assumé. Nomadisme, instantanéité, grâce et chance. Théorie d'une pratique libertine. Méthode pour réaliser l'éros léger. Céder, souffrir ou résister. Machines désirantes contre machines sociales. Démystifier le discours amoureux : l'amour comme désir du plaisir. Un nominalisme pragmatique. Le féminisme libertin : l'égalitarisme libertaire des sexes. Éthique de la douceur. Érotique volontariste. Maîtrise du temps sexuel et de la durée sensuelle.

TROISIÈME PARTIE : THÉORIE DES AGENCEMENTS 167

Chap. 1 – De l'instinct
        Vertus de l'abeille grégaire

Nécessité naturelle, déterminisme et instinct. Fascination de la métaphore de l'abeille chez les philosophes politiques. L'obéissance des corps. Grégarisme et hypertrophie de l'intelligence. Messagère divine, modèle éthique et christique. La famille est ruche. Modèle phallique et ordre social sexuel. Dialectique naturaliste du dehors et du dedans. Confinement des femmes à l'intérieur. Physiologie et déterminisme. Obéir à l'intérieur, commander à l'extérieur. Domesticité, mariage et maternité : l'art de conjurer le féminin. Haine du modèle artificialiste. Le maquillage comme symptôme. Modèle naturaliste, logique phallocrate et confinement à la sexualité. L'érotisme comme quintessence de l'artifice. Dialectique théologique du haut et du bas. Puissance unitaire et autorité paternelle. Du modèle pythagoricien. Harmonie, équilibre, ordre et principe unique. Famille terrestre et reproduction de l'ordre céleste. Soumettre le Divers à l'Un. Harmonie et théorie des proportions. Les femmes pythagoriciennes et leurs doctrines de la vertu. Ordre et conformisme, désordre et disharmonie. Permanence du modèle pythagoricien. Division des tâches. L'identité fondue dans la fonction. Maîtresse de maison, mère de famille, modèle d'épouse et renoncement à soi. La famille comme ordre politique. La dimension politique de la création. Le célibataire, figure antipolitique radicale. Laisser une trace, désir pitoyable. Pulsion de l'espèce et récupération par l'ordre collectif. Famille et incapacité à la solitude.

Chap. 2 – Du contrat
Célébration du hérisson célibataire

Symbolique du hérisson : prudence, prévoyance et calcul hédoniste. Bonne distance et évitement du négatif. Théorie de la protection. Retraite ontologique et forteresse. Pli de résistance, esquive bénéfique et pulsion de mort. Haine chrétienne du hérisson : couronne d'épines et charge pécheresse, hypocrite insolence et souveraineté intégrale, passion viticole et renardie avisée. Cynique puis épicurien d'allure. Stratège et tacticien. Se défendre sans combattre, blesser sans attaquer. Facilement capturé, difficilement conservé. Défense guerrière. Réduire à rien la menace de désagrément. Proximité, promiscuité et eumétrie. Autrui entre solipsisme des déserts et logique communautaire. Solitude glacée du célibat contraint. Mariage nauséabond du couple familialiste. Rhétorique du contrat. Logique des signes et subjectivités saines. Éviter le délinquant relationnel. Liberté de choisir, obligation de tenir. Ne pas contracter au-dessus de ses forces. Politesse éthique et relation sexuée. Le contrat épicurien : l'utile, le désirable et l'évitement du dommage. Égalitarisme éthique. Théorie de l'amour et art du vouloir. Sexualité et violence des chairs. Érotisme et élégance des corps. Le célibataire, cyclope ontologique. Amour et élection, fidélité et mémoire. Alphabet des rapports sexués et dissociations. Génie génétique, chimie gynécologique et déchristianisation de l'éthique. Combinaisons ludiques et joyeuses. Célébration de la stérilité. L'empire de l'espèce. Les lois de l'hospitalité érotique. Exacerber les différences sexuelles. Des microsociétés invi-

Sommaire

sibles. Principe saphique et esthétique païenne de l'existence. Une doctrine de l'amitié, avec soi et avec autrui. Sinon, rire.

CODA : MANIFESTE POUR LE ROMAN AUTOBIO-
GRAPHIQUE 229

Ironie de Lucien de Samosate : se moquer de la philosophie pour philosopher. L'idéal magnifique mais impraticable. Théorie exigeante et pratique en retrait. Des contradictions des philosophes. Permanence du constat. Dire, et agir à l'inverse. Briller dans la fabrication des fictions creuses. Exceller dans l'inconséquence théorique. Agir déconnecté du réel. Philosopher en ironiste critique. Une éthique de la philosophie praticable. Concept, existence et biographie. Agencement du roman autobiographique. Du rôle cardinal et fractal de l'anecdote. Exemplarité du détail qui enseigne le tout. La vie philosophique exige le roman autobiographique. Quintessence de la doctrine et théâtralisation de la pensée. De l'exercice spirituel. Du quadruple remède : réel atomique, vitalisme nécessaire, plaisir réalisable et négatif conjurable. Écriture philosophique et écriture de soi. L'œuvre, le livre et la vie. Le livre, trace de l'ascèse personnelle. Écriture positive, propos affirmatif et projet assertif. Écrire un roman autobiographique. Lire un roman autobiographique exemplaire. Athènes et Rome contre Jérusalem. Jouir du pur plaisir d'exister.

Bibliographie : *Reliefs du rat de bibliothèque* 247

« La *vertu* ne trouve plus créance aujourd'hui, sa force d'attraction a disparu ; à moins que quelqu'un ne s'entende à la remettre sur le marché comme une forme inusitée de l'aventure et du libertinage. »

NIETZSCHE, *La Volonté de puissance*, § 435

PRÉFACE

L'HEUREUSE VOLUPTÉ DES LIBIDOS JOYEUSES

Au commencement bruit le liquide amniotique.
Alors mon petit corps nage en eaux tièdes et
bouge avec la lenteur d'une âme animée par de
très légers souffles. La chair tourne dans l'élément
aquatique à la manière lente d'une planète évoluant dans un lointain cosmos, presque immobile,
ou à la façon d'une méduse flaccide dans l'obscurité des fonds sous-marins, quasi hiératique. Le
seul trouble provient d'influx qui tracent dans mes
organes le passage d'énergies vitales. Dans le
confinement de cet univers salé, poisson des origines ou vertu marine incarnée, j'obéis intégralement aux affects, pulsions, émotions et autres instincts de ma mère. Son sang, son souffle, son
rythme obligent mon sang, mon rythme, mon
souffle. Évidence de La Palice : tous les corps,
masculins et féminins, procèdent de cette immer-
sion primitive dans un ventre de femme.

Hypothèse : tous les corps, masculins et féminins, aspirent selon le principe de modalités
confuses aux retrouvailles avec ces voluptés primitives, quand la vie excelle et que triomphe sans
partage la force des puissances vitales. Pressions
de l'intérieur de la chair maternelle contre mon
dos, mes reins, ma nuque, mes fesses d'enfant
porté et suspendu dans l'eau ; mémoires de limbes

18   *Théorie du corps amoureux*

dans ma fibre informée par la lymphe, les nerfs, les muscles ; lumières en camaïeux de rouges, roses, oranges semblables aux feux des éclosions planétaires ou aux brasiers des explosions stellaires ; parfums volatile et fragrances infinitésimales, mais inscrits dans la matière placentaire comme ces senteurs maritimes qui abîment heureusement l'air et l'éther des géographies côtières ; bruits sourds, graves, répétés, doux, ronronnements épais, constitués de très basses fréquences ; sons du dehors et roulements du dedans, clapotis de la physiologie maternelle et rumeur du monde : je cligne la paupière, vacille avec une extrême lenteur, modifie ma posture — et connais ma première érection. Début d'une longue histoire placée sous le signe de l'éternel retour.

Aux heures prénatales, à l'époque où l'imagerie médicale ne force pas encore l'ombre du ventre maternel, j'expérimente les signes de ma masculinité dans la solitude, l'isolement et l'évidence solipsiste. L'ignorance dans laquelle se trouvent alors mes parents sur ce point égale la certitude inconsciente et charnelle de mon déploiement dans la perspective mâle. Bien que distraite à toute visibilité, l'érection généalogique préside à la matière d'un destin informée et sculptée par les accidents existentiels jusqu'à obtention d'un tempérament sexuel, d'une nature. On ne devient pas homme ou femme, on le naît. La physiologie commande, la culture suit.

Hors du ventre maternel, jeté dans l'agression du bloc opératoire où cliquettent les outils de la chirurgie — pinces, ciseaux, écarteurs, forceps, seringues, scalpels —, ma chair glaireuse et sanguinolente s'anime sur le mode violent : contractions, étirements, grimaces, râles, cris, agitations, pleurs. Regards techniques de l'équipe de service ce 1er janvier 1959 : calcul du nombre de mes orteils, appréhension de ma conformation physique générale, sollicitation de mes réflexes nerveux, recherche de malformations hypothétiques, mais aussi détermination du sexe, avènement de mon destin dans la parole médicale qui énonce la fille ou le garçon. Puis basculement de mon être d'un côté ou de l'autre de la ligne de partage : les antipodes d'une même planète.

A l'évidence, tout divan semble en témoigner, la suite de mon aventure suppose le dépliage de la chair annoncée : odyssées orales, voluptés anales, satisfactions sadiques-anales, euphories génitales, réjouissances phalliques, bellicisme œdipien, et symptômes associés — sucer tout ce qui passe à ma portée, tétouiller le monde, appréhender le réel d'une manière exclusivement buccale, déféquer avec la jubilation du démiurge accouchant d'un univers, jouer du sphincter à la manière d'un cornet à piston, entortiller mon phallus miniature autour de mon index tout aussi lilliputien, me soumettre à sa loi, mais l'ignorer absolument. Sans oublier la canonique option de la doctrine : aspirer au lit de ma mère et souhaiter la distraction complice de mon père. Mon inconscient conserve sûrement le détail de ce voyage au pays de mon identité. Vraisemblablement ma relation au monde s'initie là, dans ces années généalogiques : rapport oral et verbal au réel, relation corporelle et charnelle, spirituelle et ontologique aux autres, complexion vitaliste et énervée, voluptueuse et sanguine, mais aussi formes libidinales définitives et tropismes sexuels cristallisés. Moins selon les dogmes de la pure orthodoxie freudienne que relativement aux propositions complémentaires de l'éthologie contemporaine.

A l'évidence, ma vision du monde sexué plonge profondément ses racines dans les images disponibles dès les premiers moments de mon existence : peaux, contacts, émotions et sensations premières, voix, caresses, gestes et signes princeps. Tout autant les manques, failles, défauts et absences originaires dessinent dans mes organes un réseau, emprunté ensuite toute l'existence pour drainer les informations, les décoder et envisager toutes mes aventures affectives et amoureuses, libidinales et sensuelles. Ma chair traversée de flux emmagasine les données avec lesquelles se définit et se fige ma nature. Je me sais aveugle sur ces heures décisives et déterminantes que parfois trahissent mes incidents de vie quotidienne, mes désirs récurrents et mes plaisirs réitérés.

En invitant à devenir ce que l'on est — dans sa *Deuxième Ode pythique* —, Pindare déchire le voile et place l'identité sous le signe du tragique nécessaire et de l'obéissance obligée. Exister équivaut à assister aux symptômes de cette nécessité, découvrir les détails de ce devenir en développement, constater la réalisation d'un programme dans lequel la conscience et le vouloir comptent pour quantités négligeables. Je ne sais rien ni me souviens de rien quant aux limbes de mon tempérament sexué dans ces années pétries d'hypothèses. Du roulis et du tangage fœtaux aux agencements spermatiques des premières heures de puberté, les traces vraisemblablement persistent dans un épais brouillard ontologique. La cause efficiente et primale de ma nature libidinale fonctionne en point aveugle pourtant générateur de l'ensemble de mon identité.

Entre la sortie du silence mental et psychique et l'entrée dans le monde bruyant des rapports avec l'autre sexe, le basculement s'opère confusément. Mon enfance dans la campagne normande se fond voluptueusement dans les rythmes et les variations de la nature. Les cycles, les cadences, les mouvements perpétuels, le temps virgilien forcent mon être selon d'évidentes nécessités physiques. L'écoulement des rivières et des ruisseaux, l'extrême visibilité des saisons changeantes, la pulsion migratoire des oiseaux, l'empire de la force libidinale sur les animaux, la démonstration de la puissance génésique dans le règne végétal, les leçons vitalistes infligées par le soleil et la lumière : tout contribue à inscrire mon corps d'enfant dans une logique panthéiste, païenne — finalement grecque... Très vite je conçois que la sexualité illustre l'une des modalités du rapport à la nature. Plus tard j'envisagerai que les relations avec l'autre sexe permettent une construction d'artifice tendue vers la réappropriation culturelle de forces a priori sauvages et sans loi.

Loin du ventre maternel et des années fondatrices, je découvre la différence sexuelle vers quatre ans alors que j'apprends à lire, écrire et compter chez une vieille dame, une ancienne bonne de curé qui, dans le village, assure un genre d'école parallèle aux parents désireux d'une garderie intelligente avant l'heure de la scolarisation normale. Outre les rudiments scolaires élémentaires, je découvre avec quelques enfants de mon âge le nom des fleurs et des arbres, des constellations et des oiseaux, des panneaux de signalisation routiers et des acteurs de l'histoire sainte — ces heures naïves se solidifient entre bouquets de jonquilles et longues larmes du saule pleureur, scintillement de la Grande Ourse et chants de geais, triangles des dangers et figure de Judas l'Iscariote.

Après les balades en campagne, nous posons nos fleurs de printemps sur un petit mur en face de l'école. Et, debout, face à lui, nous nous déboutonnons pour arroser les pierres et dessiner avec ravissement des paysages, des rivières ou des portraits qui se défont, liquides, sur nos genoux et nos chaussures. Pendant ce temps, interdites de verticalité, les petites filles se pressent à l'intérieur de la maison. D'un côté, les garçons debout et en plein air, de l'autre les filles accroupies, cachées et enfermées. Je ne comprends guère les raisons de cette fracture, mais je la constate. Dans les parfums d'encens élevés à la gloire de Dieu, ou dans celui des bougies juste éteintes après la prière du Carême, inattentif aux invites de la vieille dame pieuse, je me découvre fasciné par le corps des filles, si proche et si différent, si semblable et si dissemblable. Apparemment pareil au mien, il recèle pourtant une part incompressible et hypnotisante. Je ne me suis jamais défait de cet envoûtement devant l'énigmatique dissemblance des corps — ni devant les promesses de bonheur auxquelles elle invite.

Je sens épaissir le secret en découvrant un jour chez un copain de sottises — comme moi pyromane averti — un seau dans lequel baigne un tissu rougeoyant sous le filet d'un robinet d'eau glacée. Le soleil d'été scintille à la surface du liquide rose pâle, un rose écœurant que je mets immédiatement en perspective avec celui du sang des cochons abattus non loin dans l'arrière-boutique de la charcuterie du village. Les jours d'holocauste un intarissable filet d'eau rougie par l'hémoglobine des animaux sacrifiés coule dans la rue et se dirige vers la rivière. Le récipient devant lequel je suis me semble contenir la trace de gestes nocturnes et de pratiques monstrueuses. Mais mon compagnon de feux furieux m'affranchit en me livrant le secret : dans le seau baigne la petite culotte de sa sœur aînée.

Je sens mon cœur chavirer, la nausée m'envahir. Il me parle de *règles*, et je ne comprends pas le mot qu'il utilise. Je m'éprouve devant la menace d'un effondrement, d'un évanouissement : les femmes et le sang, le corps des femmes et cette blessure perpétuelle, cette plaie récurrente, jamais fermée, toujours rouverte, et le liquide, symbole de la vie qui s'en écoule imperturbablement. Pour mes yeux d'enfant, la chair féminine s'installe brutale-

Préface 23

ment sous le signe de la mort, de la coupure impossible à comprimer, de l'entaille ou de la déchirure jamais conjurées. Pour quelle raison cette damnation cyclique infligée aux femmes ? Quelles fautes ainsi expiées dans le sang répandu ? Pourquoi tant d'injustices entre la verticalité du garçon jamais contrariée et l'accroupissement des filles ouvertes sur une béance quintessenciée ? Je constate l'iniquité indissociablement contemporaine de l'évidence de la différence sexuelle. Aujourd'hui encore elle me hante : les hommes disposent de leur corps dans une relative constance, les femmes doivent se soumettre au caprice impérieux de ses humeurs. Et je persiste dans une même émotion.

Procéder inéluctablement d'une femme pour advenir à l'être et découvrir l'altérité sexuelle marquée du signe sanglant installe la relation sexuée dans le registre de la nécessaire irréductibilité physiologique. Dès que deux corps d'enfants se touchent, ils écrivent les premières pages d'une histoire probablement appelée à se répéter durant toute l'existence. Suivant leur qualité, elles se reproduiront soit sur le mode de l'aspiration au paradis perdu, soit sur celui d'une volonté de rédemption des heures maudites. Dans le contact de deux épidermes se révèlent les énergies positives ou négatives accumulées dans la préhistoire de l'identité sexuée, quels qu'en soient le moment, la circonstance ou l'occasion.

Des mémoires placentaires aux souvenirs primitifs en passant par les détails habituels de l'ontogenèse libidinale ou de l'individualité germinative, les désirs s'accumulent en quantité et appellent dans l'urgence une forme dans laquelle se répandre. Suivant les géographies de l'âme, les odyssées du corps, les aventures familiales, les machineries sociales, les identités sexuelles se cristallisent. Goûts et dégoûts, penchants et aversions travaillent la chair avec une ardeur redoublée. La libido dispose de quelques années de pleine liberté et d'entière autonomie — moins de dix — pour s'épanouir indépendamment de la tyrannie des codes sociaux.

Jusqu'à une dizaine d'années, j'ai souvenir d'avoir erré sans douleur, en spectateur de moi-même, à la recherche inconsciente d'une cartographie utile à mon déplacement dans l'univers sexué. Le temps qui sépare l'inconscience épaisse des premières lueurs de lucidité se compose d'histoires banales, mais identitaires : premiers baisers volés et virtuels parce que donnés au travers d'une vitre à l'école primaire, premiers basculements du corps et de l'âme dans les champs de blé sous le soleil écrasant d'août, premières découvertes dans l'expectative de la différence sexuelle sous les auspices de la morphologie, premiers émois directement enregistrés sur le principe de la physiologie éprouvée, premières jalousies, premières séductions, premières secousses infligées à la chair par la brutalité d'une impitoyable et incompressible énergie.

Dans les moments les plus androgynes ou hermaphrodites de ces heures, le corps s'essaie aux possibilités du spectre installé par d'aucuns sous la rubrique des perversions : des masturbations destinées à vider l'âme des angoisses solitaires aux voluptés du travestissement féminin dans lequel s'expérimentent la soie et le nylon, la fourrure et le cuir, la peau et le parfum, le drapé des vêtements et le soyeux des matières, en passant par les homosexualités d'occasion et d'initiation où s'économise le risque du féminin, ou le triolisme auquel se prêtaient avec un réel plaisir un copain d'école et la fille du boulanger — qui comme nous n'avait pas dix ans —, le désir ignorant des codes sociaux trouve les formules de son expansion où il veut, où il peut, loin de toute morale moralisatrice, et dans la pure joie d'un exercice impossible à différer.

L'éducation sexuelle, assurée par des adultes rarement radieux sur ce sujet, injecte souvent de la complexité, dramatise, culpabilise et surtout normalise les possibilités sexuelles : dans ces heures cardinales pour l'économie d'une identité, la triste chair des grands prend sa revanche et contamine la fraîcheur des libidos libertaires infantiles. Un prêtre, parmi les quelques pédophiles de l'orphelinat où je croupissais, me fit un discours de médecin, sinon de vétérinaire, sur les hommes et les femmes. Il parla de force verges et utérus, ovaires et testicules, vagins et scrotums, érections et ovulations — sa façon à lui de parler d'amour, sûrement.

Ce soir-là, je lui sais gré d'avoir réduit son champ d'exploration à l'onanisme du seul discours excluant le passage à l'acte avec lequel il brisait parfois un garçon pour toujours. J'appris avec lui que les dissertations sur l'amour ou le corps amoureux fleurissent souvent dans l'ombre du dictionnaire médical ou du catéchisme castrateur, rarement ils s'épanouissent dans la proximité des érotiques sans culpabilité de l'Orient. Dès la vacance d'une chair libre, les acteurs et les émissaires du collectif socialisent sa sensualité et son émotivité pour les confiner puissamment dans l'ordre familialiste, hétérosexuel, reproducteur et bourgeois. Disparition des possibilités d'une écriture libertaire de soi.

Commencent alors les écritures tribales. Loin des approximations sensuelles, des quêtes et des errances, loin des histoires individuelles qui récapitulent les histoires collectives de l'humanité, voire de l'espèce, le corps, éduqué donc contraint, s'abandonne aux formes socialement acceptables de la libido. D'où l'avènement de l'hypocrisie, du mensonge à soi-même et aux autres, de la tromperie, d'où aussi le règne de la frustration permanente sur le terrain de l'expansion sexuelle. Le modèle fixé, tout éloignement devient coupable : monogamie, procréation, fidélité, cohabitation fournissent les points cardinaux. Pourtant le désir est naturellement polygame, insoucieux de la descendance, systématiquement infidèle et furieusement nomade. Adopter le modèle dominant suppose une violence infligée à sa nature et l'inauguration d'une incompatibilité d'humeur radicale avec autrui en matière de relation sexuée.

J'eus la chance de découvrir très tôt les joies de la passion, du don, de l'abandon, de la confiance, de l'enthousiasme, du transport érotique pleinement épanoui, et en même temps celles de la trahison, de la tromperie, du mensonge, du faux-semblant et de la pulsion de mort triomphante. Experte en tout, elle l'était aussi dans l'art de vivre à la manière du plus grand nombre : mensonges, cachotteries, dissimulations, profession appuyée de grands sentiments et pratique masquée de petits arrangements. Elle avait passé trente ans, je venais d'en avoir dix-sept, elle m'apprenait sans ménagement l'inutilité des discours et des mots dans l'économie d'une existence vouée à l'obéissance de la part en soi la moins reluisante. A son corps défendant, elle m'enseignait l'impérieuse nécessité d'élaborer une théorie à la hauteur de sa pratique quand on ne peut pratiquer la théorie professée. Puis l'obligation — un genre d'impératif catégorique érotique — de ne jamais écrire d'histoire amoureuse sans avoir proposé le préalable éthique — libertaire ou ascétique — qui nous gouverne.

D'autres crurent m'apprendre à vivre ou à rentrer dans le rang en effectuant de pâles variations sur le même thème du conformisme des agencements sexués. Les scènes, l'hystérie, les cris, les menaces, les exigences, la violence, la haine, le ressentiment, la jalousie, la rage, la folie, la fureur, la véhémence pratiqués dans les relations amoureuses procèdent tragiquement d'un unique noyau négatif. La cruauté, voulue ou non, découle en permanence d'une pulsion de mort travestie sous de multiples formes et toujours active pour salir tout ce qu'elle touche. Une fois croisée cette force nocturne, on sait pour toujours la pressentir, la reconnaître, la débusquer — à la manière dont les proies flairent la trace d'un prédateur — puis s'en méfier et s'en prémunir. Je tâche depuis longtemps de repérer ces ténèbres, de m'en prémunir, voire de les chasser. Cette *Théorie du corps amoureux* vaut déclaration de guerre faite à toutes les formes prises par la pulsion de mort dans les relations sexuées. En guise de médecine contre ces logiques mortifères, elle propose également la célébration d'une érotique courtoise qui réactive l'heureuse volupté des libidos joyeuses, contemporaines des riches heures d'insouciance dont la chair conserve l'irrépressible mémoire.

OUVERTURE

MANIFESTE POUR LA VIE PHILOSOPHIQUE

En lisant Homère, j'ai rêvé des sirènes qui fascinent les hommes de leurs voix envoûtantes et laissent au petit matin dans les prés alentour de la mer les ossements des imprudents ayant succombé à la tentation; j'ai rencontré, en annotant Diodore de Sicile et Philon d'Alexandrie, Pasiphaé amoureuse d'un taureau divin au point de demander à l'ingénieux Dédale la fabrication d'une génisse toute de leurre et de mécanique dans laquelle elle s'est agenouillée pour recevoir la semence taurine et connaître la volupté des bêtes; j'ai suivi avec Ovide la métamorphose de Tirésias, homme devenu femme pendant sept automnes pour avoir désaccouplé dans la forêt deux serpents enlacés et qui enseigne, fort de son expérience, le plaisir des femmes neuf fois supérieur en intensité à celui de leurs partenaires mâles; j'ai aimé Argos, le chien d'Ulysse, couvert de poux sur le fumier, jamais consolé de la disparition de son maître deux décennies durant et mourant après l'avoir reconnu.

J'ai toujours éprouvé l'intérêt le plus vif pour ces figures car elles expriment nettement depuis les temps les plus anciens l'inéluctable et dangereuse puissance du désir, la nature radicalement animale du plaisir, l'irréductibilité du corps de l'homme à celui de la femme, puis la fidélité comme une exclusive affaire de mémoire. Avec ces quatre certitudes, modestes mais définitives, je me suis quelque peu consolé de n'avoir jamais pu vraiment résoudre pour moi-même — donc sous le pur angle masculin — cinq ou six questions, notamment les suivantes : qu'est-ce qu'une femme ? Que peut-on envisager avec le corps de l'autre qui ne se place pas tragiquement sous le signe de la guerre, du conflit et ne vise pas pour autant la pétrification dans les modèles séculaires du couple, du mariage, de la monogamie, de la procréation et de la fidélité ? Où pointent les semblances, où se manifestent les dissemblances ontologiques entre le masculin et le féminin ? Que peuvent et que veulent les corps de l'un et de l'autre ? L'envie d'enfants est-elle seulement un désir de femme auquel les hommes consentent ? Le désir et le plaisir sont-ils sexués ?

Les réponses contemporaines à ces énigmes de toujours ne cessent de recouvrir les questions anciennes, comme pour mieux obscurcir les interrogations et rendre impossibles des solutions pourtant nécessaires : les théories consuméristes de la séduction, l'érotisme comme approbation de la vie jusque dans la mort, l'ombre portée par le phallus du Père tout-puissant, le désir installé de façon césarienne sur l'inévitable registre du manque, le visage surgissant dans la lumière phénoménologique, les joies activées du phallogocentrisme, la triangulation du désir mimétique, la théologie négative du Baphomet, l'odeur d'eau bénite des dévots de l'expérience — limite, le dispositif pulsionnel s'emballant au passage des machines désirantes, toutes ces archives récentes bien qu'épuisées éteignent la voix devenue inaudible, mais pourtant généalogique, des philosophes païens d'avant le christianisme chez lesquels je trouve avec un réel contentement une matière primitive à solliciter aujourd'hui de manière opportune. Sous le fatras géologique moderne persiste l'Antiquité cristalline à déblayer, à restaurer dans la perspective d'une archéologie reconstructrice.

Pas question, dans ce projet de retour à l'antique, d'un travail d'exégèse sémantique, de critique sur le mode talmudique des textes ou des sources, voire de commentaires philologiques ou paraphrastiques démarqués des habitudes de la tribu universitaire justifiées par force bibliographies : le texte original vaut pour moi comme un réservoir de substances essentielles — de la colle parfois grumeleuse chez les tenants de l'idéal ascétique et communautaire, mais aussi de la poudre et de la dynamite chez les défenseurs de l'idéal hédoniste et individualiste. Le corpus philosophique ancien fonctionne de manière extrêmement active pour qui s'en empare et aspire à une réelle complicité intellectuelle. A mes yeux les penseurs grecs et latins appartiennent plus aux lecteurs qui leur demandent secours pour leur vie quotidienne qu'aux légistes qui les confisquent pour opérer leurs leçons d'anatomie universitaires dans l'atmosphère confinée des chaires de la corporation. Lucrèce est plus à vivre qu'à lire — et le lire doit s'envisager uniquement dans la perspective de le pratiquer.

Cette *Théorie du corps amoureux* procède donc du commerce avec les seuls philosophes de l'Antiquité, voire avec les auteurs de cette époque qui côtoient l'univers des penseurs : poètes, fabulistes, médecins, historiens, naturalistes ou théologiens. Sous le signe d'un bestiaire philosophique rendu possible par Archiloque ou Aristote, Élien ou Pline, Ésope ou Phèdre, le carrelet platonicien, l'éléphant monogame et l'abeille grégaire me permettent la proposition d'une *déconstruction de l'idéal ascétique* alors que le poisson masturbateur cynique, le pourceau épicurien et le hérisson célibataire m'autorisent une déchristianisation de la morale dans une perspective de *formulation d'un matérialisme hédoniste*. Dans ce zoo métaphorique en trois zones, les animaux interfèrent six fois selon les pliages d'un rythme contrapuntique.

Une généalogie du désir, une logique du plaisir et une politique des agencements rendent possible, selon le mode croisé, une réflexion sur le rôle du manque, de l'économie et de l'instinct dans la tradition idéaliste et renonçante, puis de l'excès, de la dépense et du contrat dans la lignée du matérialisme hédoniste. L'ensemble propose moins une réponse précise aux questions que je me pose toujours sur les femmes qu'une tentative de résoudre de manière pacifiée le problème du rapport possible entre les sexes. Comment se parler pour s'entendre, s'envisager en évitant de se dévisager, se regarder pour se toucher peut-être, s'appréhender sans se brutaliser ? De quelle façon aimer sans renoncer à sa liberté, son autonomie, son indépendance — et en tâchant de préserver les mêmes valeurs chez l'autre ? Peut-on conjurer et congédier la lutte et la guerre au profit de plus joyeuses et de plus douces entreprises ? Comment empêcher la relation sexuée de succomber à l'attraction de la violence ?

Pour donner un nom à cette intersubjectivité libertaire dont je trouve l'acte de naissance nettement formulé chez Lucrèce, j'aimerais pouvoir recourir sans ambiguïté au concept moderne de libertinage. Mais présentement le poids de l'acception triviale pèse trop lourd sur cette notion pour que je puisse l'utiliser en revendiquant le seul souci de l'étymologie. De sorte que ce livre aurait pu s'intituler *Traité de libertinage*. Car le libertin, au sens premier du terme, désigne l'affranchi qui ne place rien au-dessus de sa liberté. Jamais il ne reconnaît aucune autorité susceptible de le coiffer, ni sur le terrain de la religion, ni sur celui des mœurs. Toujours il vit selon les principes d'une morale autonome le moins possible indexée sur celle, dominante, de l'époque et de la civilisation dans laquelle il se meut. Ni les dieux ni les rois ne parviennent à l'entraver — encore moins, donc, un ou une partenaire dans une histoire amoureuse, sensuelle, sexuelle ou ludique. Ainsi, dans l'esprit du terme, le libertinage — cet art de rester soi dans la relation à autrui — trouve singulièrement sa forme première dans le matérialisme hédoniste épicurien, et plus précisément dans le grand poème de Lucrèce *De la nature des choses*.

Le premier temps négateur de ma démarche suppose une déconstruction de l'idéal ascétique : on tâchera, pour ce faire, d'en finir avec les principes de la logique renonçante qui met traditionnellement en perspective le désir et le manque, puis définit le bonheur par la complétude et l'accomplissement de soi dans, par, et pour autrui ; on évitera de sacrifier à l'idée que le couple fusionnel propose la formule idéale de cet hypothétique comble ontologique ; on cessera d'opposer vivement le corps et l'âme, car ce dualisme devenu une arme de guerre redoutable entre les mains des amateurs de haine de soi organise et légitime la morale moralisatrice articulée sur une positivité spirituelle et une négativité charnelle ; on renoncera à associer jusque dans la confusion l'amour, la procréation, la sexualité, la monogamie, la fidélité et la cohabitation ; on récusera l'option judéo-chrétienne qui amalgame le féminin, le péché, la faute, la culpabilité et l'expiation ; on stigmatisera la collusion entre le monothéisme, la misogynie et l'ordre phallocratique ; on fustigera les techniques du mépris de soi mises en œuvre par les idéologies pythagoriciennes, platoniciennes et chrétiennes — continence, virginité, renoncement et mariage — dans l'esprit desquelles notre civilisation s'est trouvée dressée ; on sapera la famille, cette cellule de base primitive du politique structurellement appuyé sur elle. Plusieurs siècles de judéo-christianisme se peuvent ainsi saisir, puis mettre à mal.

Mon deuxième temps, affirmateur, propose une alternative à l'ordre dominant grâce à la formulation d'un matérialisme hédoniste : on élaborera une théorie atomiste du désir comme logique des flux qui appellent l'expansion et nécessitent une hydraulique cathartique ; on laïcisera la chair, désacralisera le corps et définira l'âme comme l'une des mille modalités de la matière ; on proposera un épicurisme ouvert, ludique, joyeux, dynamique et poétique à partir des possibles esquissés et offerts par l'épicurisme fermé, ascétique, austère, statique et autobiographique du fondateur ; on précisera les modalités d'un libertinage solaire et d'un éros léger ; on invitera à une métaphysique de l'instant présent et de la pure jouissance d'exister ; on visera un nomadisme de célibataires et la promotion d'une option de cyclopes ; on réactivera la théorie du contrat pragmatique, utilitariste, désirable et dominé par la volonté de jouissances mutuelles ; on proposera une option radicalement égalitariste entre les sexes afin d'engager sur la voie d'un féminisme libertaire ; on revendiquera une authentique aspiration à la stérilité afin de perpétuer une pratique des lois de l'hospitalité doublée d'une invention permanente de soi ; on débouchera ainsi sur une réelle esthétique païenne de l'existence. Quelques siècles de judéochristianisme se peuvent ainsi envisager dans le dépassement.

Installée franchement dans les contrées antiques, en guerre contre le modèle éthique dominant, ma proposition renoue sans ambages avec le projet de toutes les écoles philosophiques hellénistiques : rendre possible la vie philosophique. Et pour ce faire, vouloir ouvertement la fin de la vie mutilée, fragmentée, explosée, éparpillée que fabrique notre civilisation aliénante indexée sur l'argent, la production, le travail, la domination. La philosophie peut contribuer à ce projet radical. Mieux même : elle le doit. D'abord en cessant de se contenter, comme elle le fait depuis longtemps, de problématiser, de faire l'histoire des problèmes et de suivre à la trace l'odyssée des questionnements quand elle gagnerait en devenant clairement la discipline des solutions, des réponses et des propositions.

Pour ma part, je ne me satisfais pas d'une philosophie de pure recherche qui consacre l'essentiel de son temps et de son énergie à solliciter les conditions de possibilité, à examiner les socles épistémiques sur lesquels se peuvent poser des questions. Je préfère envisager, à l'autre extrémité de la chaîne réflexive, la somme des affirmations et des résolutions utiles à la conduite d'une existence lancée à pleine vitesse entre deux néants. L'option théorétique produit des pensées autistes et solipsistes, des systèmes et des visions du monde apparentés à de purs jeux de langage destinés aux spécialistes, réservés aux techniciens, confinés aux laboratoires. Sur le terrain philosophique, je m'intéresse prioritairement à ceux qui trouvent plutôt qu'à ceux qui cherchent — et j'ai toujours préféré une petite trouvaille existentiellement utile à une grande recherche de philosophie inutile dans la vie quotidienne. Une anecdote et deux lignes extraites du corpus cynique me portent toujours plus loin intellectuellement et concrètement que les œuvres complètes de l'ensemble des productions de l'idéalisme allemand.

De sorte que j'ai la nostalgie de la philosophie antique, de son esprit, de sa façon, de ses méthodes et de ses présupposés. La figure de

Socrate irradie les siècles qui suivent son suicide sur commande, elle permet une forme philosophique inoxydable : l'existence et la pensée confondues, la vie et la vision du monde imbriquées, le quotidien et l'essentiel mutuellement nourris. Loin du professeur de philosophie, de l'éplucheur de textes, du producteur de thèse, de l'entregloseur professionnel, le philosophe définit d'abord l'individu qui s'essaie à la vie philosophique et tente d'insuffler dans le détail de sa pratique le maximum des forces qui travaillent sa théorie — et vice versa. Il se propose la perpétuelle expérimentation de ses idées et ne conclut à aucune thèse sans l'avoir déduite de ses propres observations.

Nul besoin, pour ce faire, d'écrire des livres, de produire des textes, puisque seule importe la fabrication d'une existence conforme aux options existentielles qui la sous-tendent. Si d'aventure la production d'ouvrages contribue à la stylisation de l'existence, pourquoi pas ? Alors l'écrit formulera les règles, les moyens et les occasions d'un bien-vivre, d'un mieux-vivre, d'une biographie élargie. La vie philosophique oblige à l'essai — pas forcément à la réussite — d'une mise en conformité des propos théoriques et des comportements pratiques. Le verbe vise la chair, le mot tend vers l'œuvre active, la pensée contribue à l'attitude ; pareillement, la chair vise le verbe, l'œuvre active tend vers le mot, l'attitude contribue à la pensée. Rien d'essentiel ne s'effectue en dehors de ce perpétuel mouvement d'aller et retour entre vivre et philosopher.

Les penseurs de l'Antiquité distinguent le sage et le philosophe relativement à la position occupée sur le trajet de l'ascèse existentielle : seul le premier atteint son objectif après avoir mis en conformité son idéal d'existence sublimée et son inscription dans le monde trivial ; le second travaille, œuvre et chemine vers cet acmé ontologique qui nécessite un constant effort, une perpétuelle tension. Le sage laisse derrière lui le philosophe à la manière d'une peau ancienne, d'une antique mue devenue inutile bien que témoignant du travail de nécessaire régénération de soi ; le philosophe aspire au statut de sage et à la sérénité d'une vie transfigurée. Toutes les forces mobilisées par l'impétrant pendant de longues années d'expérimentation — pythagoricienne, socratique, cynique, cyrénaïque, stoïcienne, épicurienne, sceptique, etc. — se détendent quand se dissout l'effort dans la quiétude, la paix de l'âme, l'ataraxie et le calme réalisés. La sagesse fournit un objectif à nos temps de nihilisme généralisé, et la philosophie une voie créatrice de potentialités magnifiques pour y parvenir.

Ainsi, le philosophe agit en médecin de l'âme, en thérapeute, en pharmacien. Il soigne et dissipe les malaises, il guérit et conjure les troubles, il instaure la santé et congédie les miasmes pathogènes. La vie philosophique devient alternative à la vie mutilée après la seule décision de suivre un traitement : changer sa vie, en modifier les lignes de force, la construire selon les principes d'une architecture redevable d'un style propre. Le quotidien fragmenté, éclaté, incohérent génère de la douleur, des souffrances, des peines qui travaillent les corps et détruisent les chairs. Entre les âmes fêlées, brisées, pulvérisées et les corps médicalisés, psychanalysés, intoxiqués, entre les esprits fragiles, branlants, malingres et les chairs angoissées, nécrosées, putréfiées, la philosophie offre la tangente d'un chemin qui conduit vers l'apaisement.

Après avoir écrit un livre sur la thérapie cynique, et avant d'en publier un autre sur l'hypothèse et la méthode cyrénaïque, je souhaitais examiner les potentialités de l'épicurisme antique en évitant de ressasser les lieux communs doctrinaires et orthodoxes sur le sujet. Aussi, j'ai lu et relu pour ce livre nombre de textes, canoniques ou non, écrits entre le siècle d'Homère et celui d'Augustin, afin de tâcher d'apporter ma réponse à quelques questions : comment peut-on être épicurien, aujourd'hui, généralement, mais aussi sur le terrain plus particulier des relations sexuées et des corps amoureux ? De quelle manière peut-on lire Épicure, ses prédécesseurs et ses suivants matérialistes hédonistes ? Comment visiter le Jardin en compagnie des poètes élégiaques dans le dessein de combattre le platonisme ardemment recyclé par les théologiens chrétiens ?

La doctrine du fondateur — sa physiologie débile et son corps fragile aidant — débouche nécessairement sur un épicurisme ascétique célébrant l'étique, le renoncement, alors que, du vivant du Maître déjà, certains disciples s'appuient moins sur la lettre que sur l'esprit et proposent un épicurisme hédoniste dont on peut se réclamer aujourd'hui. Le corpus même des lettres et des sentences d'Épicure n'exclut pas une philosophie du plaisir par certains aspects très proche de l'école cyrénaïque qui l'inspire sur nombre de points. La traditionnelle opposition entre les plaisirs cinétiques (en mouvement) des philosophes de Cyrène et les plaisirs catastématiques (en repos) d'Épicure ne suffit pas pour creuser un fossé infranchissable entre les deux écoles. Il me plaît, dans cet ouvrage, d'essayer d'en montrer au contraire l'intime parenté.

En accumulant les notes afférentes aux questions d'étymologie, j'ai découvert avec stupéfaction un étrange renseignement sur le nom même d'Épicure. Bien évidemment, je n'ai jamais rencontré cette information dans aucun des nombreux ouvrages consacrés au fondateur du Jardin par les universitaires spécialistes de la question.

Et pourtant : en parcourant Littré, pour y vérifier qu'on y condamne bien *épicuréiste* comme dans Bescherelle, je suis tombé en arrêt sur une entrée au patronyme du philosophe. Outre mon étonnement de constater qu'après des années de fréquentation de mon dictionnaire de prédilection je n'avais pas encore remarqué qu'on y trouvait une poignée infime et arbitraire de noms propres, j'ai appris que l'étymologie d'Épicure signale une parenté avec le *secours*.

Une confirmation dans le Bailly permet de constater qu'*epikouros* caractérise l'individu qui apporte le secours. Suivent de plus amples informations : le terme sert également à définir celui qui, à la guerre, subvient aux besoins de nourriture, voire la personne qui sait et peut préserver quelqu'un de quelque chose. On signale également des *epikouria,* des troupes de secours et de renfort, puis des *epikourios* qui qualifient les individus propres à apporter du secours et de l'aide — dans des troupes auxiliaires par exemple. Dans tous les cas, temps de paix ou temps de guerre, temps heureux ou temps mauvais, l'épicurien achemine le réconfort, transporte avec lui les moyens de toutes les sustentations, transmet les forces nécessaires à la reconstitution des énergies en péril. Peut-on mieux signifier la tâche et la destination salutaire du projet épicurien ?

D'où ma certitude, le dictionnaire refermé, de la nécessité de chercher plus loin, de creuser plus profond afin de proposer une lecture subjective de l'épicurisme antique : à la croisée du matérialisme des origines et de l'hédonisme cyrénaïque, à mi-chemin de la violente démystification cynique et du projet esthétique élégiaque de vie philosophique, la pensée intempestive et inactuelle d'Épicure autorise une réflexion sur les possibilités d'un libertinage contemporain qui permet un art de vivre et d'aimer sans sacrifier l'autonomie et l'indépendance. Aux antipodes d'une philosophie du désir, les matérialistes hédonistes de toujours formulent une philosophie du plaisir, en même temps qu'une érotique alternative aux incitations nocturnes du judéo-christianisme.

Enfin, l'invite épicurienne se double d'un heureux appel à cacher sa vie, à ne pas l'exposer à la vue des contemporains toujours prompts à critiquer, juger, blâmer et condamner en vertu de la *moraline* qui les engorge et menace toujours de débordement. La vie philosophique se mène entre soi et soi, elle se conduit à l'abri des regards indiscrets, dans le silence des promesses que chacun peut et doit se faire. Loin de ce qui constitue les passions futiles du plus grand nombre — la recherche éperdue des honneurs, de l'argent, du pouvoir, de la possession et des richesses —, la thérapie matérialiste propose une ascèse, un authentique dépouillement des soucis inutiles et vains au profit de la seule richesse qui soit : la liberté. Avec le corps de l'autre, et malgré les tensions pathétiques, l'épicurisme hédoniste autorise l'exacerbation des souverainetés réalisées ou recouvrées.

Première partie

GÉNÉALOGIE DU DÉSIR

Chapitre premier

DU MANQUE

« On a enseigné à mépriser les tout premiers instincts de la vie ; on a imaginé par le mensonge l'existence d'une "âme", d'un "esprit" pour ruiner le corps ; dans les conditions premières de la vie, dans la sexualité, on a enseigné à voir quelque chose d'impur. »

NIETZSCHE, *Ecce Homo*,
Pourquoi je suis un destin, § 7

ÉPIPHANIE DU CARRELET PHILOSOPHIQUE

Sous ma lampe de bureau, dans une assiette de porcelaine blanche liserée de rouge, se prélasse un carrelet, amorphe et gluant. Le temps d'une méditation brève, déjà les senteurs marines et iodées laissent place à un fumet à égale distance de la cuisson et du boucanage. Tiendrai-je la distance ? J'ai décidé de délaisser les livres et la bibliothèque pour demander à celui que Linné nomme affectueusement *Pleuronectes platessa* ce que la philosophie occidentale veut bien nous dire sur l'amour, le désir, le plaisir depuis qu'un philosophe grec, amateur de cavernes plus que de bords côtiers, s'est mis en tête de comparer les hommes aux limandes, aux poissons plats, voire aux huîtres. Car j'aime convoquer le bestiaire aquatique et marin pour exprimer en raccourci ce que de longs discours, parfois, ne parviennent pas à transmettre. Du carrelet, donc, pour tâcher de percer le mystère du désir des hommes.

L'étymologie, un peu confuse chez Littré, mais jamais en reste dans pareil cas, en appelle au carré. Or, le poisson que j'avise ne me semble pas aussi long que large et je vois moins un carreau dans mon carrelet qu'un losange aux angles polis par un démiurge patient. Un genre de lame élégante profilée dans une soufflerie, la feuille d'un unique pliage aérodynamique et glissant, la forme idéale pour un trajet facilement tracé dans les eaux froides des mers où plies, barbues, targeurs, limandes et autres soles velues se faufilent en temps normal. J'imagine mal que, parfois, en d'étranges pays, on traite leur peau en cuir d'ornement comme celle des crocodiles ou des serpents.

L'ondulation fibreuse des nageoires dorsales et ventrales copie le mouvement des algues ou des chevelures peignées par la vague, l'onde ou le courant. Dans l'assiette, elles commencent à figer, puis à se recouvrir d'une pellicule gluante, grasse, collante. Il s'agit maintenant de philosopher rapidement, le temps presse. La ligne de flottaison, discrète, dessine elle aussi une arabesque douce, une flexion élégante qui épargne la nageoire pelvienne. Là où les petits points juxtaposés de ce joli trait se perdent, à la hauteur des ouïes, des excroissances prennent le relais, alors ce genre de verrues cartilagineuses ouvrage un étrange crâne. Ici se termine la bête marine et commence l'animal philosophique. Car le poisson plat mélange la face et le profil, impossibles l'un et l'autre à distinguer nettement tant qu'on le dévisage.

Si je regarde les yeux, disposés sur l'animal pour une perception binoculaire, alors j'oublie les lèvres, charnues, lippues, presque humaines, car les deux globes garnissent un poisson lisible horizontalement quand la bouche orne, en toute logique anatomique, un animal vertical. Dans un profil où passe l'expression un peu primitive de Dora Maar déstructurée par Picasso, l'œil paraît planté au sommet d'un occiput imaginaire. A sa base naît la ligne dorsale où se fichent les premières aiguilles de la nageoire. Je songe au capuchon d'un cobra qui m'avait fasciné dans un bouge égyptien. La peau luit toujours sous les watts accumulés.

Comment nage cet animal dont la physiologie

Généalogie du désir

hésite entre l'horizontalité et la verticalité, ou plutôt combine les deux registres ? Quelle aubaine qu'une physiologie poissonneuse démontre la cohabitation de deux plans ontologiques — immanence et transcendance — dans une même forme ! Une face de profil, et vice versa. Un visage travaillé par la pulsion cubiste, un corps engendré par les facéties d'un dieu fatigué, négligent ou joueur. Côté pile je sens sous la pulpe de mes doigts une peau rêche et rugueuse quand la colle suintant des écailles et des architectures cartilagineuses ne la lubrifie pas.

L'étymologie de la limande témoigne que d'aucuns, poètes en diable, avaient imaginé la possibilité de limer en utilisant des outils fabriqués avec ce cuir singulier. Dominantes brunes, avec variations grises, marron, les couleurs singent la terre et le sable. Au lieu d'écailles, des milliers de petites figures polygonales s'agencent en maillage presque invisible et recouvrent la chair avec un genre de filet microscopique. Sur l'ensemble du volume, l'aléatoire d'un pinceau démiurgique a laissé tomber des taches orangées, une sorte de minium dont la couleur se durcit au fur et à mesure de l'exposition au regard philosophique. Chaque ocelle pointé semble l'avoir été en goutte à goutte afin de configurer un peu de lumière sur une peau trop sombre. J'imagine un vêtement construit par les millénaires pour dissimuler l'animal au regard des prédateurs quand il repose, ventre au sable, sur le fond de la mer, confondu aux variations chromatiques de son environnement.

Côté face, la nature semble avoir oublié l'animal qui paraît nu, dénudé, albinos et aveugle : une forme de poisson classique, une carpe par exemple, mais sans œil, avec un museau toujours ourlé de lèvres épaisses — et la formidable absence de regard, la chair insistante en lieu et place du trou manquant. Même ligne de flottaison, même nageoire pelvienne, même ouïe, même agencement des formes que l'autre côté. Dans ce sujet singulier, les contradictions entre l'œil et la bouche, entre le regard d'un poisson plat, normalement dirigé, et la gueule en coin, déformée, ces contradictions retiennent l'attention. Au final, on imagine assez volontiers le visage de ce poisson fabriqué entre le pouce et l'index d'un Dieu s'essayant à modeler et n'obtenant qu'une gueule cassée susceptible de mettre en émoi le philosophe, penché sur l'assiette, poursuivant sa leçon d'anatomie et disposant des premières conclusions légistes. Poisson maigre...

Je comprends qu'Aristophane, dans *Le Banquet* de Platon, recoure au carrelet pour figurer la condition humaine depuis que les dieux ont placé le destin des hommes sous les signes du désespoir, de la punition et du châtiment. Regardez la figure écrasée du poisson plat, retournez-le, observez son ventre blanc et la peau brune de son dos, hésitez sur son allure et sa locomotion, imaginez l'ajout côté pile de la même partie d'un autre poisson plat, deux faces pour une bête nouvelle, reconstituée, complète, achevée : le carrelet fascine par cet inachèvement qu'Aristophane met en perspective avec la nature humaine considérée sous l'angle de la différence sexuelle. Là où le poisson enseigne la monstruosité, l'hésitation divine ou le jeu des dieux, les hommes convaincus par le platonisme doivent entendre leur handicap, ce qui les entrave et souligne leur destin d'animaux incomplets.

Aristophane, l'homme des calembours, des jeux de mots, des plaisanteries, du rire et du grotesque, prend la parole dans le trop fameux banquet pour enseigner la misère de l'homme sexué. Il y formule une théorie du désir qui empoisonne encore l'Occident depuis qu'il l'a professée entre deux hoquets restés célèbres, ce fameux soir de beuverie philosophique entré dans les annales de l'histoire des idées. Je crois et crains que le discours de cette figure du théâtre grec augure l'ensemble des propositions faites depuis plus de vingt-cinq siècles sur la naissance du désir, sa nature, sa forme, ses odyssées diverses et multiples. Platoniciens et philosophes alexandrins, mais aussi Pères de l'Église, prêtres en tous genres et théoriciens de la Renaissance, tenants de l'amour courtois et romanciers des cycles chevaleresques, pétrarquistes et troubadours, tous ces idéalistes, spiritualistes et autres dualistes professent une théorie du désir compris comme manque, douleur et damnation. Elle triomphe jusque dans les bouffonneries lacaniennes, talmudiques ou déconstructives en laissant derrière elle les traces d'une pensée obsédée par la Loi — et dont j'aspire à voir la fin.

Revenons au carrelet. Comment Aristophane procède-t-il? Pour répondre à cette question, lisons, ou relisons, avec attention son discours dédié à l'amour dans le dialogue éponyme et attardons-nous sur ces pages fondatrices de la malheureuse érotique occidentale classique. Outre le désir défini comme manque, l'œuvre de Platon, quels qu'en soient ses porte-parole et leur diversité, produit un certain nombre d'idées-forces à partir desquelles s'organise la vision dominante de l'amour : l'androgyne présenté comme un modèle, le couple proposé telle une forme idéale destinée à cette puissance libidinale, un dualisme promoteur de l'âme et négateur du corps, voilà les pierres angulaires de l'édifice que, pour notre plus grand désagrément, nous habitons toujours.

Quand vient son tour de parler, Aristophane propose son hypothèse sur l'origine du désir et raconte le mythe de l'androgyne, canonique dans l'histoire de la pensée. Que cette idée soit de Platon ou de l'interlocuteur, peu m'importe ici. Je retiens que cette histoire généalogique fonde le lieu commun du désir défini comme manque. Deux millénaires s'échafaudent lourdement sur cette conception fautive. Outre le mélange de considérations astrologiques où la Lune, la Terre et le Soleil permettent de disserter sur le mixte, le féminin et le masculin, Aristophane décrit un étrange animal en forme de boule dont le dos et les flancs forment un cercle. L'observateur habile remarque quatre mains, quatre jambes et un cou rond, puis deux visages semblables pour une seule et même tête. Sur cette face se dessinent quatre oreilles. Le carrelet pointe son museau et ses lèvres épaisses.

Le mouvement de la bestiole à deux dos s'effectue en ligne droite. Pour les besoins d'une locomotion plus rapide — les monstres et les androgynes connaissent l'impatience et détestent la lenteur —, les huit membres coordonnés structurent une boule qui roule et tourne sur elle-même. Va pour la roulade. Sexe double, également, pour ces animaux comblés : certains se composent de deux moitiés masculines, d'autres de deux morceaux féminins, alors que certains relèvent d'un composé de mâle et de femelle. Bisexualité, hétérosexualité et homosexualité se trouvent de la sorte légitimées sur un même plan de lecture, sans aucune discrimination, sans aucune hiérarchie. Avec ces machines sexuées, on dispose bien évidemment de formes plus élaborées que les nez marchant tout seuls, si l'on peut dire, ou les bras, les sexes, les yeux sautillant à la surface d'une terre fraîchement créée dans le monde d'un Empédocle qui expérimente des débuts difficiles.

Côté tempérament et caractère, la bête primitive manifeste force, vigueur et orgueil. Tous les dieux, sans exception, détestent ces vertus singulières. Sans conteste, ils préfèrent la modestie, l'obéissance et la soumission de leurs créatures. La totalité des fautes originelles monothéistes procèdent d'une volonté de savoir, d'un désir d'autonomie intellectuelle et de libre connaissance qui déplaît fortement aux divinités désireuses de sujétion. L'androgyne primitif, il fallait s'y attendre, défie les dieux et propose de s'y mesurer. Erreur fatale, chacun chez soi, professent les créatures célestes. Zeus, qui ne plaisante pas, décide de châtier l'animal impudent et le sectionne par la moitié pour amoindrir sa force, son énergie, sa volonté. Deux fois moins arrogantes, les moitiés présentent deux fois moins de danger, ainsi, les puissances suprêmes subiront deux fois moins de contestation.

Aidé dans sa boucherie par Apollon transformé en sicaire, Zeus demande à son aide de retourner le visage et la moitié du cou de l'animal mutilé face à la coupure afin que la créature nouvelle ait sans cesse sous le regard le spectacle de son sectionnement et que, de ce fait, elle devienne modeste. Les dieux chérissent toujours la modestie de leur cheptel. La fermeture de cette immense plaie nécessite une sorte de nœud gordien, une pliure d'un genre particulier : le nombril témoigne des traces antiques de cette chirurgie démiurgique. Un travail de lissage permet enfin aux bourreaux d'effacer les plis. Subsiste alors cet unique omphalos mythique.

Comment donc, à la suite de cette plastique ontologique, se déploie le destin de ces créatures amputées ? Dans la quête, la recherche éperdue et fatigante de la moitié perdue. Chaque morceau, désireux de la totalité abolie, demande et veut la partie pour réaliser le tout. Constatant que les moitiés épuisent leur énergie et consacrent la totalité de leur temps à chercher la vaine réalisation de l'accouplement, les dieux désespèrent de voir ces fragments délaisser toute autre activité.

L'humanité périclite, puis périt. Avènement de la tragédie sexuée : de nouveau opérées, les bestioles disposent finalement de leurs parties sexuelles sur le devant de leur corps, ce qui paraît nettement plus pratique. La copulation remédie au dépérissement de l'humanité. Les moitiés engagées dans une danse libidinale copulent, se rassasient, et peuvent alors envisager l'action. Donc, au commencement triomphe le chaos; puis vint un désordre moins grand; suivi d'un semblant d'ordre : l'ordre sexué, et avec lui le considérable problème de la différence sexuelle. De l'androgyne heureux et insouciant aux créatures mutilées en quête de sens, l'humanité assiste au spectacle de son destin en raccourci, mais toujours sous les auspices de la tragédie.

Premier lieu commun généré par l'histoire platonicienne d'Aristophane : *le désir est manque.* Première idée à détruire quand on se propose le renversement du platonisme sur la question des relations sexuées — *car le désir est excès,* j'y arriverai en même temps que les poissons masturbateurs chers à Diogène un peu plus loin. La généalogie idéaliste du désir suppose la définition de l'amour comme recherche de la complétude originaire. Absence à conjurer, vide à combler, métaphysique du trou à boucher, dirait Sartre dans le langage délicat de son ontologie phénoménologique. Le désir suppose la béance, la plaie, la cavité, le creux. Je me retiens pour ne pas demander à la physiologie justifications et raisons des usages de cette image habituelle chez les tenants de l'option idéaliste. Et me souviens d'un fragment d'Empédocle entretenant des *gazons fendus d'Aphrodite.*

Depuis Aristophane jusqu'à Lacan — qui a redoré le blason de l'androgyne platonicien dans ses séminaires, on s'en souvient —, le désir passe pour l'énergie de la reconquête de l'unité primitive, la force motrice des restaurations de l'entité première. Il vaut électricité impulsant la lumière amoureuse. Les hommes trompent leurs femmes ? Les épouses désirent d'autres partenaires que leurs maris ? Le monde vit d'énergies sexuelles croisées ? Le réel se structure de puissances génésiques monstrueuses ? Aristophane donne la solution de l'énigme : chacun cherche sa chacune — ou son chacun —, subit la nécessité libidinale aveugle, essaie, ne trouve pas, cherche encore, échoue toujours et subit perpétuellement la réitération d'un désir vécu sur le mode de la souffrance, de la douleur, de la punition pour une hypothétique faute, pourtant jamais commise. Dès lors, culpabilité, maladie et désir se jouent de conserve et se pensent conjoints — et ce depuis plus de vingt siècles.

Un dur désir enseigne la soumission des hommes à un destin plus fort qu'eux. L'énergie qui travaille le corps taraude et creuse, fouille et vide. Dans l'hypothèse platonicienne, cette œuvre du négatif se compense par la positivité d'une fatalité : tribades, homosexuels, lesbiennes, mais aussi, même si le texte ne le dit pas, toute forme de sexualité possible et imaginable, trouvent leur raison d'être dans le couple primitif et généalogique. On aspire à ce que l'on fut, sans espoir d'autre chose, différemment, sans l'étincelle d'une possibilité d'échapper à son déterminisme de crucifié. De sorte que le désir se lit et décline sur le mode de la nécessité désespérante. Naturellement, fondamentalement et essentiellement, il fabrique l'individu selon ses forces et ses puissances, ses lois et ses normes. L'objet du désir révèle le sujet indéfectiblement lié à la minéralité et à l'animalité de son statut. Chacun devient celui qu'il est déjà. Leçons des tragiques grecs, leçon pindarique, leçon des ténèbres.

Consentir à la lecture du désir comme nécessité

n'empêche pas l'optimisme platonicien. Car imaginer possible la restauration de l'unité primitive induit un formidable espoir — sur lequel se brisent et échouent pourtant, de fait, les rêves de deux mille ans de naïveté occidentale. Aristophane est coupable d'associer désir et manque parce que sa lecture implique une définition de l'amour comme quête *alors qu'il n'y a rien à trouver*. Dévots de son enseignement, les sujets se perdent dans le désir d'un objet introuvable parce que inexistant, fantasmagorique, mythique. Parce que fictive, la moitié perdue ne se retrouve jamais. En escompter le succès aujourd'hui équivaut indiscutablement à désespérer demain. Or l'humanité dans sa presque totalité, aveuglée, s'investit dans ces vaines recherches avec l'énergie des condamnés. Peine perdue. Entendre le désir à la manière du convive de Socrate permet d'envisager la possibilité de combler, trouver, remplir et conjurer. Voire de ne plus jamais ressembler à un carrelet, la figure écrasée, hésitant entre monstruosité et incomplétude.

Deuxième lieu commun généré par le discours du comédien hoquetant : *le désir s'apaise dans l'unité primitive reconstituée, le couple en fournit théoriquement la forme*. Autre sottise coûteuse, autre bêtise dangereuse. Exit le carrelet avec sa physionomie peu amène, voire repoussante ou hideuse, la sphère prend le relais et fournit l'alternative conceptuelle, le modèle et l'image. Fin du passé dominé par les moitiés malheureuses, errantes et soupirantes ; avènement d'une boule dont l'autisme propose sur le terrain ontologique l'équivalent du rôle de cette forme dans le domaine de la géométrie : l'analogon de la perfection. Le poisson plat contribue à donner du désir une définition coupable et dangereuse, pourvoyeuse d'illusions et de fantasmes millénaires ; la sphère ajoute au malentendu en invitant la plu-

Généalogie du désir 57

part à sacrifier à la folie des métaphores trompeuses.

L'amoureux veut l'alliage, écrit Platon, et le philosophe d'enchaîner sur le recours à Héphaïstos, le grand forgeron, le maître du feu transformateur de la diversité des métaux en unicité formelle. Quand il préside à la facture des âmes cosmiques, humaines et végétatives, le démiurge use des attributs du maître des forges et se plaît à faire naître une troisième matière à partir de deux autres, premières et primitives. Les substances divisibles, fissibles, séparables deviennent sous son vouloir indivisibles, atomiques, au sens étymologique. Le dieu fabrique le monde sur le modèle sphérique, de même pour la tête de l'homme, sphère elle aussi, posée sur l'éminence du cou, à la manière d'une gemme précieuse présentée sur un coussin destiné à la mettre en évidence. Dans son ouvrage, le forgeron géniteur des alliages et domesticateur des coulées veut une sphère armillaire. Déjà, à son atelier, il forge, mélange, mais coupe, sépare, courbe en cercle, fait se rejoindre les morceaux, les fragments, il unit savamment les extrémités.

L'amour forge les âmes, trempe les caractères et fabrique des alliages aux propriétés extraordinaires. Loin du carrelet difforme, à peine fini, ébauché, semblant sortir de la main d'un créateur malhabile ou s'essayant, la sphère fournit le modèle de la perfection, l'archétype de la forme autosuffisante, complète, achevée. De la même manière que dans son *Banquet* il recycle les androgynes orphiques ou présocratiques, Platon réactive le même monde théorique pour expliquer le couple et la nécessité de la fusion. Afin d'en finir avec le Multiple éparpillé, réel, trop réel, il célèbre l'Un réconcilié, retrouvé, idéal. Le désir s'égaille, éclate, découvre l'incomplétude et l'imperfection ; l'amour dépasse le désir, puis autorise les retrouvailles, la complétude et la perfection. Machine de guerre imparable : après la faute et la section, le rachat et la fusion. Le christianisme saura s'en souvenir.

Qu'est-ce qu'un androgyne reconstitué ? A quoi ressemble l'individualité lors de la reformulation de l'animal primitif ? L'hermaphrodite vaut négation et extinction de la sexualité puisqu'il suppose les deux sexes coexistant, cohabitant dans une forme unique. Cessant d'être travaillé par le manque, le monstre connaît la béatitude sotte et niaise des sujets désertés par le désir : l'impuissant, le frigide, le vieillard, le mort. Quant au couple, avec la sphère pour emblème, il lui reste à expérimenter au quotidien le destin de l'autiste, refermé sur lui-même, prisonnier de sa nature, contraint à tourner en rond sur soi, à multiplier les répétitions onanistes et les réitérations solipsistes de l'animal en cage. Le couple invente la giration répétitive du derviche tourneur. Et interdit tout autre mouvement que les rotations sur place.

Considérer la sphère comme modèle du couple instruit la plupart des névroses que l'Occident génère en matière d'amour, de sexualité ou de relation sexuée. Car quêter une perfection substantiellement inexistante, viser un leurre, conduit sûrement au désenchantement, à la désillusion, lorsque cessent les enchantements factices du début et les illusions pénibles de la suite. Quand Empédocle parle du divin, il lui donne la forme d'une sphère, de même Parménide. La divinité parfaite est ronde avant de s'éparpiller dans la pluralité des poussières du monde. Dans les fragments consacrés à ce sujet, le philosophe d'Agrigente enseigne que la sphère « commande alentour à la solitude ». Peut-on mieux souligner son empire intégral, sa puissance élargie au-delà du monde sensible, connu ? Comment signifier d'une autre manière la vérité formelle destinée à

Généalogie du désir

fournir un archétype épistémologique, puis éthique?

Perfection de l'Être, béatitude et joie de l'unité réalisée, conjuration du réel multiple, fragmenté, éclaté, divers, célébration d'un monde idéal, inengendré incorruptible, immobile, parfait, la sphère offre un modèle théorique inaccessible, donc générateur de frustrations, de douleurs. Trop élevé, l'idéal produit le découragement, l'abattement au lieu de l'invite excitante et motivante. En faisant du couple et de la reconstitution de l'unité primordiale le projet de toute entreprise amoureuse, Platon installe la relation sexuée sur un terrain où, à l'évidence, l'absolu ne peut tenir ses promesses. L'aspiration à la perfection génère plus d'impuissance que de satisfaction, la volonté de pureté procure plus de frustration que d'épanouissement.

Les orphiques, eux aussi, à la manière de tel ou tel philosophe présocratique, formulent l'idéal amoureux en sollicitant l'androgyne primitif et le modèle sphérique. Non loin de l'œuf dur coupé avec un fil de crin, ils proposent l'animal à la double paire d'yeux susceptible d'ouvrir un champ maximal aux têtes plurielles, aux deux sexes, mâle et femelles, fort opportunément placés au haut des fesses, disent les fragments... Les Babyloniens déjà, puis les Védas célébraient cet idéal fortement inspiré du religieux, du sacré et du mythologique. Les fantasmes de l'œuf cosmique primordial orphique, de l'androgyne présocratique, de la sphère platonicienne, puis du couple occidental, procèdent du même principe nostalgique. Ils supposent un passé perdu, défini sur le modèle du paradis, et une douleur associée à cette perte.

Seules les logiques de décadence entendent le passé comme le moment idéal d'un âge d'or, le présent telle une occasion de dépasser l'âge de fer dans le dessein de retrouver, pour les réactualiser, les racines, les sources, les origines. Il n'existe pas de forme primitive idéale passée, certes ; ni de possibilité de recouvrer un temps parfait — d'ailleurs purement factice. Le couple et la sphère vivent en modèle, en formes pures qui induisent plus de malentendus et de peines que de sens et de joies dans la conception de la plupart en matière de rapport entre les sexes. Viser la fusion, c'est vouloir la confusion, la perte d'identité, le renoncement à soi au profit d'une figure aliénante et cannibale.

Le baiser et toutes les autres variations sur le thème de la pénétration du corps de l'autre enseignent le désir d'incorporation, au sens étymologique, la fin de deux instances au profit d'une puissance tierce — qui, bientôt, se cristallise dans l'annonce de l'apparition du désir d'enfant. L'embrassement montre, en acte, et de fait, la volonté d'aliénation et de disparition de soi dans une force supérieure dont la structuration suppose la digestion des singularités propres. Réaliser la sphère dans une existence transforme toute subjectivité en déchet de la consommation amoureuse.

Je me réjouis, compulsant mes dictionnaires d'étymologie, d'apprendre que le désir procède des astres. Ainsi, nous ne sommes pas loin de la sphère et du ciel habité de planètes magnifiques et poétiques. *Cesser de contempler l'étoile*, enseignent les étymons : *de* et *sidere*, autant dire rompre avec le céleste, le divin, l'intelligible, l'univers des idées pures, celui où dansent Saturne et Vénus, Mars et Jupiter, la mélancolie et l'amour, la guerre et la puissance. Qui désire baisse le regard, renonce à la Voie lactée, à l'azur sidérant et enracine son vouloir dans la terre, les choses de la vie, le détail du réel, la pure immanence. D'aucuns, j'y reviendrai avec les pourceaux épicuriens, célèbrent fort opportunément l'animal au groin toujours en terre, le regard incapable de fixer les étoiles. Désirer suppose moins quêter une unité perdue que se soucier de la Terre, se détourner du firmament. Loin des Pléiades, et autres constellations qui absorbent le corps et restituent une âme éperdue d'absolu, le désir oblige à renouer heureusement avec les divinités chtoniennes.

Ma généalogie du désir laisse donc loin derrière Aristophane et son carrelet pour leur préférer la compagnie de qui renonce au ciel et préfère les joies terrestres, concrètes. Platon prévoit cette antinomie radicale entre les rêveurs de ciels et les amateurs de glèbe, les poètes de l'idéal et les artistes de la matière. L'ensemble de la pensée occidentale s'organise sur cette alternative qui oblige à un choix tranché : la transcendance et la passion verticale ou l'immanence et l'enthousiasme horizontal, ailleurs ou ici-bas, en compagnie des anges ou en présence des hommes. Un dialogue platonicien — *Le Sophiste* en l'occurrence — permet à un Étranger de discuter avec Théétète et d'opposer ces deux figures irréconciliables : les *Amis des Formes* et les *Fils de la Terre*. Les premiers illustrent la tradition idéaliste, dualiste et spiritualiste, les seconds, l'option matérialiste, moniste et atomistique. Les uns croient à ce qu'ils ne voient pas, les autres sacrifient exclusivement à ce qui leur apparaît. L'hypothèse contre la perception, la foi contre le savoir. En tenir pour l'idée ou la matière détermine une conception de l'amour, du désir, de la sexualité, de la libido, de ses usages, et du rapport entre les sexes. Il existe incontestablement une tradition matérialiste qui résout l'ensemble des problèmes afférents à ces questions. Le libertinage en formule théoriquement le corpus.

Troisième lieu commun généré par l'idéologie platonicienne : *il existe deux amours, l'un, défendable, indexé sur la logique du cœur et des senti-*

ments, de l'âme et des vertus, l'autre, indéfendable, soumis aux principes du corps seul, privé de son étincelle spirituelle, amputé du morceau divin, entièrement dévolu à la matière. D'une part, la divinité sollicitée en l'homme ; d'autre part, son animalité, sa pure bestialité. Après le carrelet pour dire le désir comme manque, la sphère pour exprimer son dépassement par la complétude incarnée dans le couple, il me faut à présent disserter sur l'huître — toujours platonicienne — afin d'examiner les conséquences néfastes du vieux préjugé dualiste qui oppose irréductiblement le corps et l'âme, la chair et l'esprit, diront les chrétiens.

De l'huître, donc. Socrate l'enseigne à Phèdre dans le dialogue du même nom : nous sommes enchaînés à notre corps exactement dans la même dépendance que l'huître à sa coquille. Faut-il concevoir l'âme comme une gélatine verdâtre, aussi grasse qu'elle, gros animal réductible au tube digestif et à ses seules variations ? Doit-on comprendre que l'esprit procède de la glaire inconsistante, tremblante, nageant dans un genre de liquide amniotique salé ? Et que le corps vaut coquille aux aspérités parasitées de vers, de coquillages minuscules, d'algues et de vase ? Que la matière charnelle est rustique, épaisse, rugueuse ? Flaccidité spirituelle et rudesse matérielle, âme comestible et corps jetable...

Ostrea enseigne le double registre : l'extérieur répugnant et l'intérieur où se cachent le délice gastronomique, voire l'hypothétique perle que Pline disait procéder de l'union de l'eau et du feu, plus particulièrement de la mer et de l'éclair, sinon d'une goutte de rosée céleste et du contact rugueux avec la coquille. Ici le contenant négligeable, là le contenu vénérable. Les hommes semblent frustes, au premier abord, parce qu'ils apparaissent à autrui sur le mode exclusif du corps, de la chair, de la matière. Mais leur

Généalogie du désir

richesse est intérieure : dans la nacre gît le principe divin, déposé par le démiurge : l'âme. Le jeu de mots grec qui recourt à l'homophonie *soma/ sèma* enseigne traditionnellement la parenté et la proximité du corps et du tombeau. La métaphore récurrente chez Platon hante également toute la tradition idéaliste et dualiste. Et nous vivons encore, deux millénaires plus tard, sous ces auspices sinistres, prisonniers des leçons de l'huître. L'âme subit la punition de devoir s'incarner dans un corps, d'y vivre, d'y demeurer comme dans une prison, en paiement de fautes pourtant jamais commises.

Quelles sont les conséquences des positions ostréicoles platoniciennes ? Dramatiques, catastrophiques. Ce que j'appelle la théorie des deux amours dont l'un s'offre en modèle, l'autre en repoussoir. Pausanias en donne le détail : il existe une issue très convenable au désir et une autre fort déplorable. Pour ce faire, il suffit d'opposer deux Aphrodites, dont l'une, ancienne, est dite céleste et l'autre terrestre et populaire. Du côté de l'Aphrodite vulgaire, la sexualité s'exprime de façon animale. Soit la libido des coquilles — si je poursuis dans la métaphore. A la manière des chiens accouplés, des mammifères appariés selon l'ordre naturel, les dévots de cet amour soulignent par trop leur animalité aux yeux du philosophe dévoué aux causes intelligibles et fâché avec le monde sensible.

En revanche, l'Aphrodite céleste autorise l'exercice spirituel de haute volée intellectuelle, conceptuelle et cérébrale. Loin du corps trivial, des désirs sommaires, des plaisirs disqualifiants, des parentés bestiales, l'amateur de cette exception amoureuse divinise l'Idée d'amour et purifie son corps en oubliant sa part matérielle dès qu'il envisage la procession et désire les Idées pures. Soit la libido de l'huître en tant que telle, précieusement conservée dans sa nacre. A la façon des hommes dévoués au sacré, à l'absolu, au divin, à la transcendance, les amoureux selon cette Aphrodite négligent leur corporéité en s'appuyant sur leur seule dimension spirituelle. Le souci de l'âme sauve l'homme de la damnation d'avoir à subir une chair.

Pour stigmatiser le destin des hommes soumis à cette pulsion impérieuse — réaliser l'unité primitive —, Platon recourt au mythe de l'attelage ailé, version équine de la métaphore ostréicole. L'âme peut se dire comme un bige attelé d'un cheval blanc et d'un coursier noir. On ne s'étonne pas que des plumes parent l'âme et permettent de la conduire toujours plus haut vers les sommités célestes où s'épanouissent les Formes pures et incorruptibles, incréées, immortelles et éternelles. D'où la nécessité d'être pourvu de pennes et de rémiges : la béatitude se paie d'un pareil prix. Le christianisme s'en souviendra qui emplume les habitants de la Jérusalem céleste, Trônes, Chérubins et autres Séraphins. A défaut de rectrices et d'empennage, la chute menace et avec elle le risque majeur de se retrouver sur terre, à la manière d'Icare, Gros-Jean comme devant.

Les dieux, bien évidemment, ignorent ces problèmes : leurs attelages pourvus d'animaux dociles et parfaits les conduisent sans difficulté en gravissant allègrement la voûte porteuse du ciel. Dans cette géographie de l'éther, on trouve des essences, des choses en soi, la vérité, la science, la pensée, la justice, la sagesse, en fait, l'habituel beau monde philosophique. Lorsque les chevaux conduisent les dieux dans cet empyrée, ils disposent de nectar et d'ambroisie abondamment distribués dans leurs abreuvoirs et mangeoires. En revanche, les âmes triviales connaissent les plus grandes difficultés. Abîmées, déplumées, soumises à l'opinion, à l'illusion, à l'erreur, elles végètent à des années-lumière de la contemplation de l'Être.

Dans l'attelage, le bon cheval est blanc, évidemment : droit de port, bien découplé, haute encolure, belle ligne de tête, naseaux frémissants, il aime l'honneur, la modération et la réserve ; l'autre, noir, est mauvais, mal bâti, massif d'encolure, disproportionné, au profil inélégant, son œil injecté de sang trahit la bête rétive et violente, agressive et intraitable, rebelle et résistante. Ainsi se montrent les âmes, douées de potentialités positives ou négatives. Tant qu'elles visent le haut, les essences et les idées, elles sont défendables ; quand elles pèsent et chutent vers le sol, la terre, le bas, l'immanence, le réel concret, elles deviennent encombrantes, gênantes et détestables.

Désirer suppose ressentir en soi le tiraillement, les deux aspirations : l'une vers les dieux, l'autre en direction des démons. En matière d'amour et de relation au corps de l'autre, il en va de même. Dans la logique platonicienne, tout ce qui attache l'individu à la matérialité de sa chair, tout ce qui le conduit à assister en lui aux impulsions libidinales animales mérite condamnation franche et nette, sans appel. En revanche, le seul désir défendable, le seul amour pensable, appelle l'union de l'âme au Bien qui, dans le ciel des Idées, sauve l'existence présente et future. Car la réincarnation prend en compte la nature défendable, ou non, des désirs passés. Seule une procession amoureuse vers l'absolu purifie le sujet de toute salissure avec le réel. Tout autre qui se sera condamné au mauvais amour se destine à une réincarnation vécue sur le mode de la punition. Porc ou âne, animal goûtant les bouges ou remarquable par la grandeur de son membre.

Sur le terrain de l'amour et de la relation sexuée, l'Occident trouve ses marques avec les théories platoniciennes du désir comme manque, du couple comme conjuration de l'incomplétude, du dualisme et de l'opposition moralisatrice entre les deux amours. Quiconque sacrifie aux délices d'un corps matériel, parcouru de désirs et traversé de plaisirs, joue sa vie, mais aussi son salut, son éternité. La seule façon de gagner son passeport pour la vie éternelle suppose l'engagement au côté de l'amour qu'en toute raison on qualifiera de platonique par la suite. Amour des idées, de l'absolu, amour de l'amour purifié, passion pour l'idéal, voilà qui sanctifie la cause du désir. Tout ce qui s'attarde trop aux corps, aux chairs, aux sens, à la sensualité concrète se paie ontologiquement d'une damnation, d'une punition, d'un châtiment.

Suivre les métamorphoses du carrelet, de la sphère, de l'huître et de l'attelage ailé conduit à l'ébauche d'une immense spectrographie de l'ensemble de la pensée occidentale. Il faudrait ensuite guetter les interférences entre les grandes écoles de l'Antiquité gréco-latine, montrer comment le stoïcisme romain se platonise, sinon de quelle manière le platonisme grec se stoïcise, pointer le recyclage de la mythologie païenne dans l'économie mentale du monde chrétien, désigner les entreprises de récupération de la lettre philosophique pré-chrétienne au nom de l'esprit catholique et apostolique romain, isoler les syncrétismes théoriques fondateurs du monothéisme, pister les trajets arabes et nord-africains du corpus hellénistique, bref, écrire l'histoire de la philosophie et celle du désir depuis Paul de Tarse et les Pères de l'Église jusqu'aux récentes mythologies psychanalytiques.

Quoi qu'il en soit, la conception de l'amour en Occident procède du platonisme et de ses métamorphoses dans les deux mille ans de notre civilisation judéo-chrétienne. La nature des relations entre les sexes aujourd'hui suppose historiquement le triomphe d'une conception et l'échec d'une autre : succès intégral du platonisme, christianisé et soutenu par l'omnipotence de l'Église catholique pendant près de vingt siècles, puis refoulement puissant de la tradition matérialiste — aussi bien démocritéenne, épicurienne que cynique ou cyrénaïque, qu'hédoniste ou eudémoniste.

Les Pères de l'Église, bien évidemment, exploitent la théorie du double amour pour célébrer sa version positive, l'amour de Dieu et des choses divines, et discréditer l'option humaine, sexuelle et sexuée. Ce travail de réécriture de la philosophie grecque pour la faire entrer dans les cadres chrétiens préoccupe les penseurs pendant quatorze siècles au cours desquels ils mettent éhontément la philosophie au service de la théologie. De sorte qu'on théologise la question de l'amour pour la déplacer sur les terrains spiritualistes, religieux, on condamne *Éros* au profit d'*Agapê,* on fustige les corps, on les maltraite, on les déteste, on les punit, on les blesse et martyrise au cilice, on leur inflige la discipline, la mortification et la pénitence. On invente la chasteté, la virginité et, à défaut, le mariage, cette sinistre machine à faire des anges.

Le platonisme enseigne *théoriquement* le cruel oubli du corps, le mépris de la chair, la célébration de l'Aphrodite céleste, la détestation de l'Aphrodite vulgaire, la grandeur de l'âme et la petitesse des enveloppes charnelles; puis s'épanouissent *pratiquement* dans notre civilisation occidentale inspirée par ces préceptes idéalistes, d'étranges et vénéneuses fleurs du mal : le mariage bourgeois, l'adultère qui l'accompagne toujours en contrepoint, la névrose familiale et familialiste, le mensonge et l'hypocrisie, le travestissement et la tromperie, le préjugé monogamique, la libido mélancolique, la féodalisation du sexe, la misogynie généralisée, la prostitution élargie, sur les trottoirs et dans les foyers assujettis à l'impôt sur les grandes fortunes.

Retour du refoulé violent, la cérébralisation de l'amour, son devenir platonique rendent paradoxalement vulgaires les pratiques sexuées. La dureté de l'ascétisme platonicien christianisé engendre et génère souffrances, douleurs, peines et frustrations en nombre. Thérapeutes, médecins et sexologues en témoigneraient : la misère des chairs gouverne le monde. Le corps glorieux porté au pinacle conduit indéfectiblement le corps réel dans les bouges, les bordels ou sur le divan des psychanalystes. A défaut de réussir les agencements hédonistes, ludiques, joyeux et voluptueux, les deux millénaires chrétiens n'ont produit que haine de la vie et indexation de l'existence sur le renoncement, la retenue, la modération, la prudence, l'économie de soi et la suspicion généralisée à l'endroit d'autrui.

La mort triomphe en modèle dans les fixités et immobilités revendiquées : le couple, la fidélité, la monogamie, la paternité, la maternité, l'hétérosexualité, et toutes les figures sociales qui captent et emprisonnent l'énergie sexuelle, pour l'encager, la domestiquer, la contraindre à la manière des bonzaïs, dans des convulsions et des rétrécissements, des torsions et des entraves, des contentions et des empêchements. La religion et la philosophie dominantes s'associent toujours — aujourd'hui encore — pour jeter une malédiction sur la vie. Une théorie du libertinage suppose un athéisme revendiqué sur le terrain amoureux classique et traditionnel doublé d'un matérialisme combatif. Là où les vendeurs de cilices triomphent avec des carrelets, des sphères et des huîtres, le libertin s'amuse des frasques du poisson masturbateur, du grognement des pourceaux d'Épicure et des libertés du hérisson célibataire.

Chapitre second

DE L'EXCÈS

« L'élément corporel donne la prise avec laquelle on peut saisir le spirituel. »

NIETZSCHE, *Humain, trop humain*, I, § 111

« Au premier plan se trouve le sentiment de la plénitude, de la puissance qui veut déborder, le bonheur de la grande tension, la conscience d'une richesse qui voudrait donner et se répandre (...). »

NIETZSCHE, *Par-delà le bien et le mal*, § 260

FRASQUES DU POISSON MASTURBATEUR

Aux heures nécessaires des combats philosophiques toujours d'actualité, qui se souvient
encore que Platon, qui n'aime pas les poètes et
entend les expulser de sa cité idéale, caresse puissamment le projet d'un grand bûcher purificateur
dans lequel il souhaite précipiter les œuvres
complètes de Démocrite, détesté au point d'en
vouloir effacer la trace sur la planète ? Qui ? Sinon
l'un des *fils de la terre* fustigé par le philosophe
vendeur d'arrière-mondes. Étrange, au passage,
cette passion effrénée presque toujours repérable
chez les penseurs du spirituel et de l'Idée pure
pour le temporel et ses trivialités...
Deux philosophes pythagoriciens, Amyclas et
Clinias, chuchotent à l'oreille de Platon que trop
d'exemplaires des livres de Démocrite circulent
pour qu'un autodafé suffise à rayer de la carte philosophique le nom du matérialiste abdéritain et
ses thèses subversives. Qu'importe, l'Athénien
fomente un genre de bûcher portatif et décide que
dans sa presque quarantaine de dialogues le nom
incriminé n'apparaîtrait pas une seule fois. Pari
tenu, plus de deux mille pages de philosophie sans
le nom de Démocrite pourtant régulièrement,
voire sournoisement visé. Comme quoi on peut
exceller théoriquement et idéalement dans le

Devoir, la Justice, la Sagesse, l'Amour, la Vertu et autres idoles à majuscule, puis pratiquer en voyou.

Je persiste à croire efficace cette ligne de démarcation qui traverse la philosophie et scinde le monde de la pensée en idéalistes et en matérialistes, en spiritualistes préoccupés par le ciel des Idées et en réalistes soucieux de la terre. Dans chacun des deux registres aux variations multiples, j'aime qu'on puisse, en dehors de la confiscation, un temps sinistre, du matérialisme par la dialectique et l'histoire, appréhender ses versions atomistes, antiques, rationnelles, énergétiques, sensualistes, dionysiaques, neuronales ou enchantées. Pour ma part, je tâche de formuler un matérialisme hédoniste dans lequel, aux antipodes des versions contemporaines du platonisme, un certain nombre de thèses récurrentes structurent l'ensemble des architectures induites. Des atomistes présocratiques à la proposition contemporaine des neurobiologistes, les formules varient mais appréhendent le réel sur le mode exclusif de la démystification nécessaire, de la désacralisation salvatrice.

Le matérialiste pratique les chairs à vif et veut la nudité, car la lucidité s'obtient exclusivement par un travail intellectuel d'écorchage. Soumettre le désir aux lumières froides du Scialytique des blocs opératoires qui projette une clarté sans ombre aucune, voilà la tâche du penseur se refusant à cautionner les illusions, les lieux communs et les fantasmes. Diriger ce rayon blanc sur une notion comme le désir suppose le risque couru, et pour ma part assumé, de détruire des fictions, des fables avec lesquelles la plupart échafaudent une vision du monde, voire justifient leur quotidien, jour après jour. Ne pas consentir aux religions de l'amour, aux fantasmes inducteurs des collagènes sociaux, voilà qui désigne la démarche matérialiste comme victime idéale pour les bûchers platoniciens.

Démocrite brille donc en premier praticien de ces lumières cruelles dans l'histoire des idées — si du moins l'on néglige Leucippe dont on ignore presque tout, hormis l'atomisme intégral, la théorie de la nécessité et la probable position de maître à l'endroit du philosophe d'Abdère. Les fragments retrouvés de ce présocratique singulier constituent à eux seuls un cinquième du corpus des œuvres qualifiées sous cette appellation. Pourtant, la bibliographie des traductions et commentaires reste maigre, les références, renvois et citations se comptent trop aisément. Sa réputation demeure très en deçà de celle d'un Parménide, d'un Héraclite ou d'un Empédocle, assez sollicités pendant plus de vingt-cinq siècles par les poètes, les écrivains, les penseurs et les philosophes pour qu'on connaisse la teneur de l'essentiel de leurs thèses. Le matérialisme se paie du silence plus ou moins volontairement organisé par les autorités officielles qui décident de la circulation des œuvres. Or Démocrite inaugure une tradition qu'à l'instar de Platon les tristes sires destinent encore trop souvent au feu.

Sur la question du désir, qu'on n'attende pas de Démocrite des considérations transformées en lieux communs du patrimoine populaire. Rien qui mette en perspective cette énergie singulière et la volonté ou le cadeau des dieux. Il ne trouve pas davantage son origine dans une force cosmique ou une hypothétique téléologie à même de légitimer les attractions entre les fragments du grand tout. Loin de toute option mystique et transcendante qui recycle le mystère de l'insaisissable, du merveilleux et de l'inconnaissable, Démocrite lit le désir comme une énergie procédant d'un certain type d'agencement des atomes, à la manière d'une force qui découle des formes particulières de la matière. Le désir gît moins dans l'hypothèse mythique d'une coupure divine que dans les limbes repérables d'un corps, dans les replis atomiques d'une chair travaillée par la vie et le mouvement. La physiologie accède au statut philosophique, l'anatomie fournit la méthode.

Le désir relève de fluides, de forces, d'énergies quantifiables, mesurables, susceptibles de laisser des traces visibles par l'observation, la circonscription et le recours à une mathématique conceptuelle. Pas de mythologie, d'ontologie pour expliquer le désir, mais un genre de médecine, de physique, voire de mécanique. L'œil du philosophe matérialiste veut du visible, du constatable, et se refuse aux fantasmagories religieuses. Le désir définit la résultante d'une complexion matérielle, car le réel se limite aux atomes et à leurs relations dans le vide. Désirer procède de la nécessité d'une dynamique physiologique et d'une immanence corporelle. Qu'on en finisse avec les excipients intellectuels.

De même pour le plaisir qui ne naît pas dans la restauration d'un ordre ancien, passé, mais dans la promotion d'un ordre nouveau, présent. Théorie des forces contre mythologie des formes. Point d'Aphrodite ailée, mais une Vénus au phallus. En matière de libido, les figures tutélaires du matérialisme hédoniste en appellent moins aux puissances angéliques et célestes qu'aux emblèmes incarnés et terrestres. Le plaisir abordé théoriquement par Démocrite économise les travestissements poétiques et lyriques pour élire et préférer les éclairages mécanistes. En l'occurrence *le frottement*, inducteur efficace des mouvements de matière et de leurs conséquences.

De sorte qu'en philosophe atomiste soucieux de constater les causes et les effets, de quêter et trouver les origines et les conséquences, Démocrite rapproche désir et plaisir pour les réduire à leur

Généalogie du désir

procès atomique : l'éjaculation de l'onaniste et celle de l'amoureux transi s'équivalent absolument. Rien ne distingue un solitaire affairé à son travail manuel et un parangon d'amant soucieux de faire bonne figure. Les aphrodites ne sont ni vulgaires ni célestes, ni pandémoniennes ni ouraniennes, mais tout simplement hydrauliques. La mécanique immorale des fluides remplace la métaphysique morale des intentions. Et le carrelet — depuis accommodé par mes soins au gingembre et au curry qu'accompagnaient des lentilles indiennes, roses — laisse place au poisson masturbateur, appelé à une longue figuration dans la tradition matérialiste.

La logique séminale démocritéenne associe le couple désir-plaisir à l'émission d'une substance. Le philosophe, dont la tradition rapporte l'aveuglement volontaire dans le dessein de ne plus voir les femmes qu'il désirait sans retenue — quel tempérament ! —, n'a sûrement pas manqué d'expérimenter, de constater et consigner ses remarques dans son ouvrage majeur le *Grand Système du monde*. Peut-être on y pouvait lire que le plaisir nécessite la double émission confondue, mâle et femelle, des substances, ou que la volupté n'advient que lors de la réunion de ces deux préalables. Or cette épistémologie des fluides suppose une esthétique des personnes, car, dans cette logique, les deux sexes évoluent à égalité : l'homme tout autant que la femme porte et livre ses liqueurs *visibles*.

Le matérialisme substantialiste de Démocrite se complète par un hédonisme que je me permets d'inférer à partir de trois ou quatre fragments qui subsistent sur ce sujet. Quelques phrases énoncent pour les hommes l'excellence de la vie heureuse et la moins morose possible. Deux ou trois anecdotes rapportées sur la vie du philosophe appuient et confortent cette option, y compris celles de la postérité qui lui prête, de manière apocryphe mais significative, l'inévitable rire aux lèvres, et l'art de confectionner des onguents phalliques avec miel et poivre pour connaître durablement les joies du priapisme. Aux antipodes de Platon, pareil philosophe appelle la sympathie...

Les analyses sémantiques confirment la diversité des occurrences du mot plaisir. Mais toutes renvoient au même terme grec. Aucune distinction visible dans le corpus démocritéen ne légitime certains plaisirs, le catastématique des épicuriens, par exemple, pour mieux en discréditer d'autres, tel le cinétique des cyrénaïques. Démocrite semble les apprécier tous, ne les hiérarchiser jamais et les justifier toujours, *pourvu qu'ils ne troublent pas la sérénité et l'équilibre du sage*. Un savant calcul des plaisirs permet d'écarter a priori tout désir producteur d'une jouissance trop chèrement payée, car il faut opter pour les jubilations incapables de dégénérer plus tard en déplaisirs. Cette arithmétique en filigrane se retrouve en permanence chez tous ceux qui procèdent de la planète matérialiste et hédoniste.

L'éthique démocritéenne vise les jouissances et les voluptés. Dans cette doctrine de la vertu esquissée, l'agréable et le désagréable fonctionnent en perspective avec l'utile et le nuisible. Le désir relève de la nécessité matérielle et atomique. En tant que tel, il ne saurait être mauvais, car il sévit par-delà le bien et le mal. La lecture croisée d'un certain nombre de considérations du philosophe sur les valeurs et les mœurs permet de conclure à un hédonisme quasi certain, du moins à un eudémonisme incontestable. Les invites démocritéennes supposent l'évitement dans la vie du sage de toutes les occasions de trouble, et de toutes les organisations de la matière génératrices de malaises, de souffrances et de peines.

Leucippe et Démocrite en lambeaux, connus seulement par bribes, on ne peut malheureusement montrer plus subtilement et longuement leur physique en relation avec leur éthique, leur atomisme radical généalogique d'une morale affirmée d'une manière tout aussi monolithique. L'édifice matérialiste trouve son ancrage dans cette tradition abdéritaine. Les ennemis de Platon et du platonisme se recrutent là, parmi les tenants de la réduction du réel au minuscule. L'histoire des idées dispose dans ce terreau magnifique d'une occasion d'archipels et de continents inépuisables.

Dans ce monde aux lumières crues, le désir obéit à un ordre mécaniste, le plaisir se réduit tout autant à une série de métamorphoses dynamiques, le corps accueille ces alchimies perpétuelles, la force de l'énergie sexuelle trahit une nécessité naturelle, le matérialisme fournit, sur un terrain génétique, l'opportunité d'une éthique hédoniste, l'usage des plaisirs induit une diététique dans laquelle la jouissance demeure légitime tant qu'elle n'affecte pas la quiétude du sage, l'autonomie du philosophe, la paix de l'âme atomique. Les matérialistes traquent et chassent les aliénations sous toutes leurs formes. Quand il s'agit de désir et de plaisir, ils pratiquent une violente dissociation là où la tradition parle d'amour, un mot qui provoque chez Démocrite le rire entendu depuis chez tous les philosophes forcenés de démystifications radicales. Dans la constellation matérialiste, le désir s'analyse exclusivement en terme de physiologie, non de métaphysique.

A l'instant où l'on abandonne Démocrite, demandons-nous sous quelles latitudes fraie le poisson masturbateur utile à mes considérations sur le désir. Dans quelles eaux froides ou tièdes, dans quelles mers étranges, ou dans quels cours d'eau douce ? Lissé et caressé par quels courants marins ? Ondulé et flottant dans quelle rivière

secrète? car l'animal doit profiter voluptueusement du secret dans les mondes liquides où il évolue en silence. Croise-t-il parfois le carrelet platonicien, de guingois, l'œil de travers et la bouche en
coin, toisant le facétieux qui manifeste l'excellence
du principe d'autonomie poussé à son paroxysme? Frétille-t-il du ventre et des nageoires cau-
dales à proximité de l'huître métaphysique? Ou,
indolent, ignore-t-il qu'il fournit au philosophe
une métaphore pour un zoo libidinal?

Le poisson masturbateur enrichit un bestiaire
singulier, l'un des plus riches dans l'histoire des
idées, avec celui de Platon. On y trouve des gre-
nouilles dans l'eau froide qui enseignent le bien-
fondé de l'ascèse du corps, des harengs au bout
d'une ficelle qui permettent de tester la détermination à la conversion philosophique d'un impétrant, des cigognes migratrices chargées d'exprimer l'empire de l'inflexible nécessité, un coq
déplumé envoyé dans les jambes de Platon dans le
dessein de le convertir au nominalisme, une souris grignotant les reliefs d'un repas et montrant
l'exemple d'une frugalité obligée pour parvenir à
la sagesse. Tous ces animaux, à un moment ou à
un autre, rencontrent ou croisent un cithariste
obèse, un eunuque avec une pancarte, un cham-
pion olympique gardien de moutons, un archer
maladroit, un chauve, un bossu et quelques
débauchés. Normal, à Corinthe, ville de mauvaise
réputation, la cour des miracles festoie et bruit...

Car nous sommes chez les cyniques grecs en
compagnie de très exacts contemporains de
Démocrite, Antisthène d'Athènes et Diogène de
Sinope, dont je me plais à soutenir depuis longtemps les options matérialistes, nominalistes et
hédonistes induites par les positions radicalement
antiplatoniciennes de l'école du Cynosarge. Ainsi,
Antisthène, commentant Homère, et plus particulièrement l'hypothétique montée au ciel de

l'âme de Patrocle vers celle d'Achille, croit à une matière identique pour le corps et ladite âme. De la même manière, mettons en perspective la geste cynique, les démonstrations *ad hominem*, le théâtre du penseur sur scène, la spectacularisation du savoir et le soubassement matérialiste, l'anti-idéalisme combatif de l'école sise au cimetière pour chiens. Beaucoup plus tard, au moment du cynisme romain — au deuxième siècle après Jésus-Christ —, Démonax affirme lui aussi la toute-puissance moniste de la matière et son éternité. De sorte que s'affirme une permanence matérialiste du cynisme philosophique de l'origine à son délitement pendant plus de six siècles.

Du poisson masturbateur, donc. Et de Diogène, puisqu'on le lui doit. Le philosophe à la lanterne vante les poissons, plus intelligents que les hommes à son goût, car ils se frottent le ventre sur un matériau rude dès qu'ils ressentent, dit-il, le *besoin d'éjaculer*. Non pas le besoin d'amour, la nécessité de la passion ou l'empire cérébral de la libido, mais celui de l'éjaculation. Où l'on retrouve l'équivalent posé par Démocrite entre masturbation et relation sexuelle. Constante lucide du matérialisme : réduire le désir à la physiologie, à l'envie d'un écoulement séminal, à l'appétence d'un mouvement corporel. On tâchera d'excuser mon prosaïsme, mais la poésie recule dès qu'augmente le savoir...

La méthode du matérialisme sur la question du désir, de sa naissance et de ses formes passe par la déconstruction dont Marc-Aurèle fournit à plusieurs reprises le mode d'emploi et l'illustration : il s'agit de décomposer le réel qui paraît complexe en autant de parties que nécessaire pour qu'il apparaisse simple et que surgissent, de fait, un dévoilement, une nudité, une crudité avérés. Ensuite, associer ces résultats à des idées repoussantes ou génératrices de sentiments réactifs.

Congédier le premier aspect apparemment positif d'un désir en faisant apparaître mentalement les risques, dangers et déconvenues associés aux conséquences d'un consentement à cette impulsion. Les *Pensées pour moi-même* fournissent une multitude d'occasions de pratiquer cette psychagogie, cette efficace dissociation. Ainsi, devant les crus de grands vins ou les mets sublimes présentés sur une table, l'Empereur invite à philosopher : il n'y a que jus de raisin et cadavres d'animaux ; une femme désirable ? un sac d'excréments, un squelette bientôt visible ; l'acte sexuel ? un peu de morve au bout d'un boyau frotté ; l'exercice du pouvoir ? un hochet en tout point semblable à celui des enfants ; la puissance impériale ? un roi nu, aussi dépouillé qu'un paysan démuni.

Sur la question spécifique du désir, les matérialistes disent sa réduction à la volonté d'éjaculation — masculine ou féminine —, logique masturbatoire, excès nécessitant débordement, mécanique des fluides à équilibrer. Dans tous les cas, ses modalités relèvent du principe cathartique. Les occurrences du terme, bien avant la référence aristotélicienne, renvoient toutes à la médecine grecque, voire au corpus hippocratique. L'étymologie suppose la pureté et la purification, mais aussi, sur le terrain spécifiquement médical, les menstrues, les déchets consécutifs à une purgation, ou l'écoulement prématuré du liquide amniotique à la naissance. Décharge, épanchement, loin du fantasme idéaliste du manque, le désir des matérialistes suppose excès, dépense et consumation.

Le terme glisse du registre physiologique à celui de la philosophie avec Aristote, on le sait. Quittant le monde d'Esculape, la catharsis devient dans la *Poétique* la transfiguration en plaisir de sentiments désagréables, à savoir la terreur et la pitié. Dans une autre référence — extraite du *Politique*

—, la catharsis est rapprochée de la musique et des chants. Certaines mélodies, censées déchaîner de violents chocs chez les auditeurs, permettent de recouvrer la quiétude et l'apaisement. De troublants qu'ils étaient, ces chants deviennent source de satisfaction et de volupté. La maladie elle-même se transforme en pharmacopée. Dans l'essence de la musique se trouvent les moyens d'effacer les affects déclenchés par ses soins : la douleur recèle en son épicentre les occasions du soulagement. A la nocivité de la douleur succède la joie innocente. Toute catharsis transfigure la gêne en plaisir, le désir en plaisir.

Voilà donc connue, enfin, la méthode des maquereaux lubriques, des morues libidinales, des raies obsédées, des tringles amoureux, des barbues frétillantes, des loches excitées, des godes énamourés, et autres vieilles en chaleur : l'auto-suffisance, l'autonomie, la logique onaniste. Lacanien avant l'heure, le poisson masturbateur enseigne haut et clair l'inexistence du rapport sexuel, du moins il affirme que sous cette expression se dissimulent deux corps qui se prêtent, se donnent, s'offrent, certes, mais sans qu'il soit jamais question d'autre chose que d'autisme et de solitude. Le désir puis le plaisir révèlent et trahissent l'enfermement de chacun dans sa peau, dans ses limites corporelles contraignantes. L'intersubjectivité sexuelle suppose moins la fusion que la juxtaposition, moins la confusion que la séparation. L'éjaculation, masculine ou féminine, prouve l'impossible religion amoureuse et l'évidence d'un athéisme en la matière.

Après le désir matériel et atomique, le plaisir solitaire et solipsiste : la doctrine des matérialistes continue de déchirer les voiles de l'illusion et met à mal les fictions romanesques écrites de tous temps sur ce sujet. Désormais, quand on lit passion, amour, sentiment et cœur, il faut entendre désir, plaisir, libido et sexe ; là où Aphrodite vole dans le ciel des Idées, on verra Vénus armée d'un phallus terrestre ; dès que les idéalistes entretiennent manque, fusion et complétude, les matérialistes rétorquent excès, décharge et solitude. Congédiée, la poésie laisse place à la physiologie ; ainsi la théologie s'efface, remplacée par la philosophie. Hier les mythes et les histoires édifiants, aujourd'hui la raison et les lectures pétrifiantes. La lucidité exige un tribut sans concession.

A quoi ressemble un athée en matière d'amour ? Quels actes pour un individu affranchi sur ces questions ? Les cyniques répondent moins par des considérations théoriques — ce n'est pas leur genre ni leur habitude —, que par faits et gestes, scènes et anecdotes. Quelques-unes de leurs frasques demeurent célèbres, de la lanterne allumée en plein jour, au tonneau — en fait une grande amphore —, en passant par la rencontre avec Alexandre en plein soleil, les émules de Diogène lancent des fusées et des pétards réels là où les philosophes idéalistes peinent dans la rhétorique cérébrale et la démonstration conceptuelle. Les anecdotes qui touchent au désir, au plaisir, au corps, aux usages sensuels et sexuels traversent brillamment les âges. Parfois, la doxographie les attribue indistinctement à tel ou tel autre philosophe antique, pas nécessairement cynique. Retenons les histoires plus spécifiquement associées aux figures cardinales du mouvement diogénien.

Ainsi, dans les rues d'Athènes ou de Corinthe, on rencontre Diogène se masturbant sur la place publique, désolé de ne pouvoir satisfaire les besoins afférents à la faim d'une manière aussi efficace, expéditive et simple. Pourquoi, se lamente-t-il, en se frottant le ventre n'obtient-on pas les mêmes résultats quand l'envie de manger nous tenaille ? Toujours la logique du frottis solitaire — du frottement solipsiste. Mêmement, au

Généalogie du désir

beau milieu de l'espace public, Cratès besogne Hipparchia, sans état d'âme, plutôt content, jetant vraisemblablement un coup d'œil à la ronde pour tenter d'apercevoir le regard méchant, amusé, choqué du citoyen, du métèque, des enfants ou des femmes passant par là. Lui aussi feint l'innocence et se demande pour quelles raisons ce à quoi tout le monde s'adonne de manière privée, chez soi, enfermé dans sa chambre, ne saurait se pratiquer exactement de la même manière de façon publique, au vu et au su de tout le monde. Fi des conventions et des usages coupables de la chair !

Dénuder les chimères, voilà le programme cynique. Y compris en matière de désir, de plaisir et de relations sexuées. Que visent Diogène, Cratès et Hipparchia ? En finir avec l'hypocrisie, le double langage, la morale moralisatrice, la fausse pudeur, la dissimulation, la honte et autres variations sur les thèmes, devenus très chrétiens, de la culpabilité, de la faute, du péché, de la haine du corps, du mépris de la sensualité, de l'abjection de la sexualité. Le corps soumis aux besoins de nourriture et de boisson, il n'y a là rien de condamnable. De la même manière, quand il connaît l'empire de la libido, pourquoi faudrait-il y trouver signe de malédiction, trace de honte ? La chair, les atomes, la matière, subissent sur le mode contraignant des envies, des pulsions, des nécessités. Les satisfaire d'une façon aussi déculpabilisée que chez les animaux dans la nature, voilà la règle : la culture suppose et propose, dans une logique éthique, l'obéissance maximale aux lois naturelles. Le matérialisme vaut leçon cosmogonique dans laquelle le bestiaire renseigne efficacement, rapidement et nettement.

Les cyniques célèbrent les sexualités tarifées, les femmes de passage, les histoires sans lendemain, toutes dévolues au plaisir nu et dru. Antisthène s'étonne qu'on lui reproche une complice élue pour un moment et qui semble avoir beaucoup servi. Il rétorque qu'on ne regarde pas d'un mauvais œil le bateau sur lequel on embarque et qui, déjà, pourtant, a permis beaucoup de traversées en mer Méditerranée. La première libertine venue fait affaire qui consent à sa proposition, au contrat, peu importent sa beauté, son intelligence, sa position sociale ou sa virginité, ces billevesées tyranniques. Elle peut tout aussi bien être laide, sotte, pauvre et prostituée. Seule prime la relation contractuelle dans laquelle le désir qui menace engorgement et débordement trouve une occasion d'écoulement dans une relation doublement voulue. Se répandre, voilà le projet. Point n'est besoin, pour autant, d'enrober cette nécessité dans des roucoulades, des déclarations, des postures ridicules, des promesses impossibles à tenir.

La geste d'Antisthène abat les mythologies sociales nourries de monogamie, de fidélité, d'élection amoureuse puis son cortège de tromperies, d'hypocrisies et de jalousies. Il s'agit de libérer le désir des attelles grégaires qui le justifient exclusivement comme contrainte manifestée dans des formules conformistes. La dissociation cynique radicale écarte le désir et le plaisir de l'amour et sépare très nettement ces registres. Détruisant le sacré, le religieux et le spirituel associés idéologiquement à la sexualité, les philosophes à la besace et au bâton laïcisent les corps et les relations en célébrant la chair et le contrat, la matière et les volontés mutuelles. Quand il entend parler d'amour, le matérialiste cynique sort son braquemart — et rit, en authentique disciple de Démocrite.

Pour quelles raisons, chez ces démystificateurs, le désir se réduit-il à ses composantes atomiques ? Pour que le sage demeure libre, ignore l'entrave et connaisse la félicité d'une liberté pleine et entière.

Généalogie du désir

La physique au service de l'éthique. Dans les philosophies matérialistes la liberté prime absolument. D'où la nécessité de dépasser les aliénations, de recouvrer une autonomie éventuellement
perdue. Marx ne s'y trompe pas qui consacre sa
thèse de doctorat à examiner la différence entre
les philosophies de la nature de Démocrite et
d'Épicure. L'épistémologie atomiste vise une
morale de la liberté, de l'appropriation ou de la
réappropriation de soi. Dans cette logique, le désir
menace et étend son ombre sur les chances d'indépendance de l'individu.

Donnons son dû au corps pour que l'âme
demeure dans la tranquillité et baigne dans la
sérénité : voilà le credo des matérialistes de l'Antiquité — et de leurs suivants. Une diététique des
passions, des désirs et des plaisirs rend possible
un rapport pacifié au monde. Les dissociations,
les déconstructions, le travail subversif, les provo-
cations, le théâtre visent une circonscription du
désir et du plaisir dans des limites. Là où la
matière exige son tribut, qu'on le lui donne, mais
dans des modalités dépouillées, en évitant et refusant les constructions mythologiques qui drapent
la libido de voiles pudiques destinés à la rendre
socialement et culturellement présentable. Le
cynique au manteau épais, troué et sale ne
reconnaît pas le bien-fondé des draperies ontologiques vaporeuses et trompeuses.

Fi des excipients, des enrobages, des discours,
du verbe et des histoires qui en appellent à l'âme,
à l'esprit et aux sentiments. Tout cela s'ajoute, se
surajoute à la vérité nue et crue du désir corporel
défini comme agencement de matière et résultante d'une complexion atomique singulière. La
libido, l'énergie et les forces qui travaillent une
chair doivent remplacer au plus vite les cantiques,
les invocations, les célébrations mièvres et tout ce
qui masque la tragédie du mammifère soumis aux

lois de la nature, toujours attaché, et pour l'éternité, à sa condition animale.

Le désir rappelle aux amnésiques leur parenté avec la bête, carrelet ou poisson masturbateur, certes, mais aussi toute autre créature animale, poulpe gracianesque et lion machiavélien, loup hobbien et singe lamettrien, mouche spinoziste et tique deleuzienne. La Mettrie, matérialiste convaincu, hédoniste radical, disserte fort opportunément sur l'homme plante et l'homme machine. Plus tard, Deleuze et Guattari procèdent à l'anatomie de machines désirantes. Dans les deux cas, le corps matériel accuse une proximité effarante, inquiétante, avec les agencements et mouvements internes de la plante, les mouvements de la bête ou les rouages mécaniques. Désirer, c'est subir la nécessité qui constitue les cristaux de quartz, structure la giration des héliotropes et meut la carcasse d'un chien en rut. Qu'on l'accepte ou non...

L'éparpillement et la fragmentation des textes présocratiques puis l'option théâtrale et gestuelle des cyniques, laissent peu de place à l'élaboration d'une théorie matérialiste de l'érotique. Seule l'importance des découvertes d'Herculanum permet d'accéder, avec les bibliothèques épicuriennes, à un corpus matérialiste élargi dans lequel le désir se montre dans sa pure consistance corpusculaire, comme une force qui procède d'images, de simulacres, d'effluves, d'émanations. A l'aide de ces propositions de lectures, on peut inférer une logique de la décharge et une diététique de la catharsis, de la purgation pourvoyeuses d'une série de clés de voûte destinées aux édifices conceptuels de la philosophie libertine. Dans le Jardin d'Épicure, en effet, on discute ferme sur la nature matérielle du réel, la structure atomique du temps, la relation entre physique des éléments et éthique des comportements, on parle classification des désirs et nécessité des plaisirs, on disserte sur l'excellence vertueuse de l'amitié, l'égalitarisme ontologique foncier des hommes et des femmes, et toutes les questions utiles, encore aujourd'hui, pour élaborer une théorie de l'érotique solaire. A part dans les rues de Cyrène, ou sur l'agora de la cité libyenne, on n'a sûrement jamais autant parlé philosophiquement de ces questions en célébrant le corps réel et concret, la vie quotidienne et immanente.

Thérapeute des corps et des âmes, Épicure consacre l'un de ses trois cents traités à la question spécifique de l'amour. En marchant dans les ruines d'Herculanum, devant les murs de lave que les archéologues désargentés cessent de questionner, je me disais que peut-être, derrière ces géologies de silence, à l'ombre du Vésuve apaisé, plusieurs mètres sous les palmiers graciles, dans une bibliothèque patricienne, des volumes dorment, attendant la main des fouilleurs et des chercheurs. Je songeais que le traité en question se trouvait peut-être roulé dans une jarre, cristallisé sous la poussière violette, abandonné sur une table au marbre épargné par le feu du volcan. Que dirait ce texte que nous ne sachions déjà? Que nous livrerait-il de la doctrine de cette exceptionnelle école où le corps se pense moins en ennemi à briser qu'en animal à dompter, moins en chair à violenter qu'en matière à informer? Car l'épicurisme fournit des éléments pour la proposition d'un corps moderne — j'y reviendrai en compagnie d'un troupeau de pourceaux.

Que nous apprennent, jusqu'alors, les frasques du poisson masturbateur? La nature matérielle et atomique du désir, la tragédie solitaire et onaniste du plaisir. De quoi désespérer si d'aventure la leçon de l'épicurisme n'ajoutait à ces deux constats d'évidence une dimension nouvelle. Car Épicure, et Lucrèce avec lui, enseignent la possibi-

lité de sculpter le désir et le plaisir, ils affirment
pensable le projet d'une injection de la culture
dans la nature, du vouloir dans la nécessité, la
capacité, par la décision, de modifier les lois de
l'ordre biologique et — disons-le ainsi — la possibilité d'un libertinage redéfini. Dans le Jardin
athénien et dans la Rome de Lucrèce se fomente
et s'initie la modernité d'une chair radieuse.

Avant de parvenir à cette morale du plaisir, il
faut entreprendre une physique de la déconstruction, de l'explication, et penser en physicien, en
mécanicien, en médecin — Hippocrate et Galien
me semblent toujours des lectures plus profitables
que Platon et Proclus. La physiologie du désir se
comprend après un détour par une définition du
simulacre. Dans le monde épicurien, on le sait,
rien n'existe en dehors de la matière et du vide.
Composé d'atomes et agencement de particules,
rien n'échappe à cette combinaison de structures
associées. La durée tout autant que les nuages, la
faim de la même manière que le regard, le désir et
le plaisir, la vie et la mort, tout suppose la possibilité d'une pulvérisation jusqu'à l'indivisible consti-
tutif.

Or, pour paraître en épiphanie concrète, le réel
doit apparaître. Et le mode de dévoilement du
monde suppose le simulacre. Qu'un homme se
tienne devant une femme, et leur relation suppose
un flux de particules composées, une sorte de
nuage subtil procédant d'atomes agencés, une
émanation dérivant des corps visibles, détachés de
l'objet sensible, un genre d'âme atomique mobile
dans l'espace. La plus petite structure de base,
insécable, contribue au simulacre. Dès qu'elle
s'associe à une autre, elle peut fournir matière à
perception. La vue est affectée par les simulacres
qui se déplacent à une vitesse vertigineuse, en
ligne droite, et poussent devant eux une colonne
d'air. Ainsi, les simulacres séparés du corps fémi-

nin traversent l'atmosphère et touchent l'individu du sexe mâle qui n'en peut mais. Son corps, affecté de la sorte, connaît le désir — pourvu que les fragments se détachent d'une chair en valant la peine... Jamais la danse des corps et des silhouettes en tourbillons dans le monde n'a trouvé métaphore plus pertinente.

Désirer suppose expérimenter les simulacres d'un autre dans son propre corps, assister en spectateur voluptueux à l'interférence des parties du réel dans la dynamique du grand tout, constater l'éternité du mouvement qui nous comprend. L'agencement de l'individu troublé se modifie sous l'action de cette merveille épistémologique. Le désir perturbe la matière, le plaisir se propose de restaurer un ordre perdu. Loin de la faute, du péché, de l'occasion de culpabilité, le désir se réduit à une pure et simple opération physique : en finir avec le déséquilibre, la menace d'échouage, le risque de débordement. Un genre de mécanique quantique, avec mouvements browniens, voilà le monde immanent dans lequel chacun évolue.

D'où une éthique eudémoniste. Épicure déduit de ses considérations sur les simulacres une théorie des désirs, puis une diététique des plaisirs. On connaît la théorie des désirs : le philosophe du Jardin distingue les désirs naturels et nécessaires, boire et manger, par exemple, sans lesquels, faute de réponse appropriée, la survie se trouve compromise ; puis les désirs naturels et non nécessaires, dont on peut, sans dommage, faire l'économie ; enfin les désirs vains, ni naturels, ni nécessaires, franchement superflus — le luxe, les beaux-arts, le pouvoir, les honneurs, l'argent, etc. Le désir sexuel relève du deuxième genre — naturel, mais non nécessaire. Du moins dans l'hypothèse d'Épicure qui croit leur absence de satisfaction sans risques ni conséquences. Si rien n'est possible contre l'évidence de la physique, en revanche, on peut croire aux possibilités de la morale.

Boire de l'eau pour apaiser sa soif, manger un morceau de pain pour satisfaire sa faim n'entraînent aucun trouble dans la quiétude du philosophe, car ces biens, faciles à acquérir, n'induisent pas de soucis ni de complications dans la vie quotidienne. En revanche, désirer un bordeaux millésimé et un gigot d'agneau aux herbes pour l'accompagner, voilà un glissement net vers les désirs non naturels et non nécessaires. Ainsi le libertinage généalogiquement rendu possible par Épicure tourne court si on ne déborde pas le philosophe qui ne croit pas nécessaire le supplément d'âme surajoutant au besoin de nourriture la dimension gastronomique, comme on peut ajouter au besoin sexuel une dimension érotique, ludique. Transfigurer le besoin naturel en pratique culturelle et raffinée n'entre pas dans le projet ascétique épicurien. Par charité matérialiste, je ne m'attarderai pas sur la pauvreté d'Épicure, ni sur sa santé médiocre — hydropisie et maladie de la pierre — qui, très tôt, nécessité faisant vertu, l'obligent à renoncer à la bonne chère... D'où ce qui théoriquement sépare l'eudémonisme épicurien de l'hédonisme cyrénaïque.

En matière de besoin sexuel, la rétention, la diversion, le détournement, ce que Freud appelle la sublimation, autorisent l'usage de soi et le dépassement de cette nécessité tout en faisant l'économie de sa satisfaction directe. Stratégie de l'ascèse. Évitez de vous mettre dans la situation de subir des simulacres incitateurs, faites une promenade fatigante, trouvez-vous des occupations éreintantes, consacrez votre temps à une vraie conversation amicale, voilà, enseigne Épicure, une excellente stratégie d'évitement qui illustre le premier degré de cette diététique des plaisirs. Le

Généalogie du désir

christianisme aimera tout particulièrement ces invites à l'austérité. Sinon ?

Sinon, second degré de cette diététique, on consent à la sexualité, mais dans la perspective du médecin, du physicien et du mécanicien : pour se débarrasser d'une douleur, dépasser une souffrance, en finir avec un état de sujétion pénible et insupportable. L'arithmétique morale épicurienne suppose un calcul : la somme des plaisirs doit toujours être supérieure à celle des déplaisirs. Calculons : obéir à la libido, consentir au désir sexuel et sensuel, connaître les voluptés et jouissances afférentes, puis, après avoir envisagé toutes les hypothèses, consentir, ou non.

Mais les inconvénients ? S'il faut recommencer bientôt ? si l'on s'attache à sa, ou son, partenaire ? si l'on désire à nouveau ? si l'on éprouve de la peine à se séparer, à retrouver sa solitude, à s'attendre ? si un mouvement s'enclenche qui soumet le corps à toujours plus de consentement au désir ? Dans ce cas, la somme des déplaisirs devient supérieure à celle des satisfactions. On refusera alors une volupté trop chèrement payée — le prix maximal étant la quiétude du sage, sa paix intérieure, sa sérénité mentale. Voilà où, quand et comment on sculpte désirs et plaisirs : en donnant son consentement ou non, en conservant sa liberté, malgré le fait d'avoir opiné, ou non. Dans cette sculpture de soi sur le terrain des désirs, Épicure fournit paradoxalement les matériaux pour une érotique libertaire et libertine que Lucrèce formule avec une précision de chirurgien, une rigueur d'anatomiste.

Lucrèce, donc, affirme qu'il faut prendre les avantages offerts par un usage hédoniste du corps, puis refuser catégoriquement les inconvénients et revendiquer nettement *la pure volupté*, sinon la volupté pure. D'où l'un des tableaux les plus lucides, les plus cruels dans l'histoire de la philosophie, sur les malheurs d'un consentement au désir amoureux. L'obscurité intégrale de la biographie du philosophe fait délirer un certain nombre de commentateurs qui, depuis des siècles, considèrent qu'un penseur écrivant de pareilles vérités, cinglantes, sur la question de la passion amoureuse a sûrement expérimenté la chose, a été cruellement déçu, abandonné et trompé par une sinistre virago, sinon abusé par un philtre d'envoûtement auquel sa mort n'a pas été étrangère. Comme si la vérité ne pouvait procéder d'une pure et simple lucidité intellectuelle, celle que tout un chacun devrait pourtant montrer après un minimum d'expériences dans l'existence.

Bouillon magique ou non, pétroleuse ou pas, chagrins d'amour ou autre, allez savoir, Lucrèce brosse un tableau des désirs, des plaisirs et de l'amour devant lequel on songe à l'un des bolges de *L'Enfer* de Dante : l'amour y passe pour le comble de l'erreur, le triomphe de l'illusion, le paroxysme du faux-semblant, la quintessence de la névrose, le compagnon de la folie, le principe de l'aliénation, le complice de la déraison, l'occasion du bovarysme, la condition des chimères, le produit des hallucinations, la conséquence des délires, la formule absolue de la servitude. Chiennerie sans nom, il vaut très exactement la peste dont la description apocalyptique laisse inachevé le livre unique du philosophe.

Le *De natura rerum* reprend nombre des thèses d'Épicure, et Lucrèce ne s'en cache pas. De sorte qu'on retrouve la théorie des simulacres des textes du père fondateur, un semblable usage éthique de la physique, une pareille nécessité de pratiquer l'évitement avant toute perclusion. Mais le disciple permet d'imaginer à quoi pouvait ressembler la doctrine du maître sur la question amoureuse. La description faite par Lucrèce de ce qu'après Stendhal et son rameau de Salzbourg on appelle la

cristallisation brille dans le firmament philosophique en morceau d'anthologie — Molière en fit
un usage célèbre. Il illustre le lieu commun, malgré tout d'une vérité flagrante, toujours bonne à
répéter, que l'amour rend aveugle. Le travail du
désir sature le corps et la chair d'une substance
qui l'engorge et interdit le fonctionnement normal
de l'esprit critique. Dans l'hypothèse d'un désir
puissant, toute lucidité disparaît au profit d'un
embellissement faramineux de la réalité. Le désir
modifie les perspectives du réel, il le déforme, le
gauchit. Dans sa physiologie du désir amoureux,
Lucrèce met en évidence une dynamique, il
annonce le mouvement inéluctable et inévitable
conduisant à la catastrophe.

Le trouble provient des simulacres, certes. Il
agit sur les nerfs, vrille la chair, gonfle les canaux,
puis demande à s'épandre. Que diront de plus les
neurobiologistes sinon nommer, puis bénir avec le
vocabulaire chimique et scientifique d'aujour-
d'hui, la vérité du discours épicurien ? Là où
agissent simulacres et particules atomiques antiques, les tenants de l'homme neuronal et de la bio-
logie des passions parlent neurotransmetteurs et
phéromones, dopamine et peptides hormonales,
hypothalamus et lulibérine, et avec raison. Mais
l'intuition épicurienne demeure valable : l'infiniment petit gouverne le monde et conduit les corps
à la manière d'une providence tyrannique.

D'où une conception radicalement matérialiste
du désir : ni manque ni aspiration à la complétude, mais excès qui vise le débordement. De
manière induite, cette option physiologique suppose une conception particulière d'autrui : il n'est
pas morceau identitaire, fragment incomplet
attendant la révélation de soi par l'altérité dépas-
sée et l'unité primitive reconstituée, mais totalité
solipsiste, entité intégrale, monade absolue d'une
manière totalement semblable à moi. Ontologi-

quement l'égalité absolue triomphe entre les hommes et les femmes. Loin des identités platoniciennes mutilées, les individualités matérialistes se suffisent et toutes, sans exception, évoluent dans le cosmos à la manière de planètes indépendantes et de comètes libres — entre deux néants.

Je suis, sans l'épreuve d'autrui, et malgré lui, désespérément seul, tragiquement isolé, mais intégralement autonome, fin et moyen, origine et aboutissement de moi-même. Autrui obéit comme moi aux mêmes nécessités, aux mêmes lois, au même ordre. Croire ou non à l'amour, souscrire aux discours excipients qui l'accompagnent habituellement dans notre civilisation, ou pas, refuser les théories matérialistes du désir, ou y souscrire, peu importe : le destin de tout un chacun se dessine aveuglément dans les pages du philosophe matérialiste. Ne pas croire à la rotondité de la terre n'empêche pas sa forme indiscutablement ronde. Se cabrer devant les propositions de Lucrèce ne change rien à l'affaire, elles valent absolument et universellement, sous toutes les latitudes, pour tous les temps.

Le désir de l'homme préhistorique vaut celui des mégapoles contemporaines, celui des Occidentaux contraints par le christianisme est semblable à celui des Orientaux épanouis à l'ombre de leurs propres philosophies, les hommes et les femmes, les enfants et les adultes, les mammifères inférieurs et leurs parents prétendus supérieurs, tous subissent la même loi. *Désirer, c'est expérimenter le travail d'une énergie qui engorge et appelle expansion.* Lucrèce formule un universel que les pensées idéalistes et spiritualistes, tout autant que les religions afférentes, s'évertuent à masquer, défigurer, critiquer, nier. Pourtant...

Outre l'universalité du désir, ses formes toujours semblables, Lucrèce affirme également l'évidence solipsiste, parce que matérialiste. La peau limite et contient les atomes, la matière, la chair, les vaisseaux, les nerfs, les muscles, mais aussi la libido, les énergies, les forces, les liqueurs. Une constante absolue traverse l'histoire de la philosophie matérialiste : la plupart pratiquent la leçon d'anatomie, l'observation des cadavres et fouillent les corps pour leur demander raison de leurs mystères. L'atelier du penseur atomiste ? les cours et arrière-boutiques des boucheries, les morgues des hôpitaux, les cimetières où l'on donne la pièce au gardien pour disséquer, autopsier, savoir. Dans la rigidité de la mort, ils cherchent les explications de la chaleur et de la souplesse des corps. En fouillant les ventres, ils découvrent l'évidence philosophique.

Lucrèce traque la solitude existentielle partout, jusques et y compris là où la vérité dérange : dans les draps d'un lit, sous l'alcôve amoureuse, quand deux corps se prêtent, se donnent, s'échangent et s'abandonnent au spectacle de leur tentative de s'éviter tels qu'ils sont, contraints à eux-mêmes, prisonniers de leur désir propre, incapables de communiquer. Pas de communication de substance, pas d'âmes qui se mélangent, pas de corps qui s'identifient : le philosophe est formel, dans la sexualité, on exacerbe la nature séparée des monades et leur définitive incapacité à se pénétrer, se fondre, s'unir et fusionner. Chaque corps reproduit la figure de l'atome : insécable, sans portes ni fenêtres, telle la monade leibnizienne, rien de son identité ne sort de lui, rien n'entre en lui, il subsiste en sphère pour lui-même, et non avec autrui.

D'où les aspirations infructueuses à cette confusion impossible par les baisers, les pénétrations, les pincements ou griffures, les morsures, les étreintes, les sueurs, les salives et les substances mélangées, les succions, les désirs d'incorporation buccale. Or, rien n'y fait : chaque corps demeure désespérément dans sa forme, dans sa complexion, essentiellement inchangé. Dans le désir sollicité et le plaisir exacerbé, chacun expérimente l'extase autiste et la volupté solipsiste, radicalement étranger aux émotions de l'autre qui le concernent pour les seules satisfactions égoïstes et narcissiques qu'elles lui procurent. La jouissance de l'autre intéresse car elle fait la démonstration narcissique d'une capacité à la déclencher, à la produire, d'où la satisfaction induite à se sentir puissant dans la possession et l'appropriation, la réduction et l'assujettissement. On jouit du plaisir de l'autre parce qu'on le déclenche — on souffre de ne pouvoir le provoquer, mais on ne jouit pas le plaisir de l'autre.

La résolution du désir en plaisir coïncide très exactement avec le moment où la solitude triomphe de la manière la plus manifeste. Naître, vivre, jouir, souffrir, vieillir et mourir révèlent l'incapacité à endosser une autre histoire que la sienne propre et l'impossibilité viscérale, matérielle, physiologique, de ressentir directement l'émotion de l'autre. Avec lui, près de lui, à ses côtés, au plus proche, certes, condouloir tout autant que sympathie restent possibles, mais pas *à la place* de l'autre, avec sa conscience, dans sa propre chair. Jouir de la jouissance de l'autre ne sera jamais jouir la jouissance de l'autre. Pareillement pour ses souffrances et autres expériences existentielles. On désire la fusion, on réalise l'abîme.

Le désir tragique et universel, la physique prolongée en éthique, le plaisir révélateur du solipsisme, Lucrèce poursuit son investigation matérialiste par l'énoncé de la victoire absolue de l'entropie. Le temps passe et détruit tout ce qu'il touche, du désir au plaisir, de l'amour à la passion. Les opérations de cristallisation, le travail bovaryque a déjà opéré sur le réel pour le transfigurer. Méconnaissable, travesti par les distorsions de la conscience, du vouloir faussé par la libido, il subit les assauts et les outrages de l'usure. L'œuvre du désir, qui semble échapper au temps, se trouve rattrapée par lui et sévèrement abîmée, cassée.

La réalité reprend ses droits et triomphe sans partage : le monde n'est pas comme le désir le dit, l'autre n'a rien de ce que la libido fait croire, l'existence ne chatoie pas ainsi que l'illusion le laisse imaginer. La fin des histoires amoureuses autorise l'éclairage rétrospectif : toutes les fantasmagories entretenues sur le principe de la servitude volontaire s'évanouissent, les voiles tombent, les mensonges apparaissent dans toute leur splendeur. Floué, celui qui succombe au désir assiste à sa propre déchéance, sans autre possibilité. Ruiné, dans tous les sens du terme, épuisé, fatigué, brisé, fourbu, vidé, devenu l'ombre de lui-même, cadavérique, ayant frôlé la désintégration, le sujet revenu de l'amour semble un damné échappé du cercle le plus profond des Enfers.

A qui veut connaître ces aliénations, ces dépossessions de soi, il faut indiquer la voie à suivre : consentir aveuglément au désir. En revanche, pour qui souhaite éviter ces feux furieux et désolants, on convoquera l'enseignement de Lucrèce pour qui le désir et le plaisir peuvent se sculpter. Comment ? En tournant radicalement le dos aux désavantages du désir amoureux et en consentant aux plaisirs simples et faciles de la pure volupté devenue volupté pure : éviter l'amour ne signifie pas renoncer aux jouissances qu'il procure, mais, au contraire, isoler les avantages et les inconvénients, vouloir les premiers, puis écarter les seconds.

Et comment goûter aux avantages ? En ne sacrifiant qu'aux amours de passage, en voulant le mouvement, et en fuyant tout ce qui immobilise :

la monogamie, la fidélité, la procréation, le couple, le mariage, la cohabitation. D'où les vertus, en inversion : la polygamie, les fidélités, la stérilité, le célibat, la solitude et la liberté. Pourquoi ne vouloir qu'un seul ? Pour quelles raisons s'arrêter à un corps, une chair, une expérience ? Au nom de quoi renoncer à séduire, plaire et conquérir, jouir et découvrir ? Quelles légitimations pour l'immixtion du tiers qu'est toujours un enfant entre un homme et une femme ? En fonction de quels espoirs installer une histoire vivante dans des meubles, un lieu commun, à tous les sens du terme ? Qu'est-ce qui justifie l'engagement pour une vie entière auprès d'un être inconnu, inconnaissable et qui, toujours, demeure une énigme ? Pourquoi vouloir la fixité des morts alors qu'il reste à vivre avant de payer son tribut à Thanatos ?

En invitant à l'Aphrodite que Platon disait vulgaire, Lucrèce pense qu'on ne s'interdit pas le plaisir, bien au contraire. D'après lui, seul celui qui garde la tête froide et sa raison intacte peut jouir convenablement des vraies voluptés vénusiennes. Le regard froid cher au cœur libertin de Vailland trouve ici son origine. Il me semble que Lucrèce invente le libertinage, qu'il rend possible une érotique solaire, loin des obscurcissements afférents aux mythologies où l'on présente l'amour comme une histoire d'anges et d'esprits, d'âmes et de destins, de saints et d'immortalité, de volontés immuables et de serments éternels et qui, bien souvent, finit par échouer sur des terres où croupit une gamme de sentiments échelonnés entre l'indifférence et la haine. Le *De natura rerum* propose un corps libertin insoucieux des poids sociaux, des invites et des affects collectifs.

Loin de l'opinion, de la civilisation, de la culture dominante et des mœurs établies, le sage lucrétien possède son désir sans être possédé par lui, il maîtrise sa chair et n'est pas dominé par elle, il veut autant que faire se peut et tâche d'être le moins *voulu* possible. La physiologie matérialiste et la physique atomiste débouchent sur les clairières éthiques où le philosophe dispose pleinement de lui-même, dans la quiétude de l'être qui agit, décide, promeut l'ascendant sur son destin autant que la nécessité le permet. Il se réapproprie le peu de liberté impartie par la nature et inflige à l'énergie qui le travaille des formes sculptées, choisies.

Dans le registre sémantique, de nombreux termes grecs permettent de qualifier l'état dans lequel se trouve celui qui réalise l'empire sur soi : apathie et aochlésie, athambie et ataraxie, atyphie et acataplexie, aponie et athaumasie, et autres variations sur le thème de l'euthymie, de la tranquillité, de la paix de l'âme, de la sérénité, du bonheur, de la joie de vivre, et autres sentiments ressentis quand l'existence se vit en occasion réussie de volupté. Le tribut à payer pour connaître réellement l'état bienheureux du philosophe ? L'inconstance amoureuse, prix de la constance du sage. Le libertin est un dévot du mouvement sous toutes ses formes.

Des hypothétiques recettes aphrodisiaques démocritéennes à la pure volupté lucrétienne en passant par les poissons masturbateurs cyniques et les simulacres épicuriens, le matérialisme dure et persiste dans sa thématique génétique. Quand le platonisme, via les Pères de l'Église et la scolastique médiévale, triomphe absolument aux côtés du christianisme au pouvoir, les atomistes essaiment, à la manière de pluies minuscules, mais effectives. D'abord dans la poésie élégiaque romaine où Catulle, Properce, Tibulle activent le ferment hédoniste et libertin, puis chez des figures autonomes tels Horace, Ovide ou Pétrone qui célèbrent le désir simple, sommaire, joyeux, la volupté facile et la légèreté dans l'art d'aimer. Les corps traversent ces textes antiques de manière réelle et concrète, jusque dans les plus précieux détails. De sorte qu'ils inventent un épicurisme hédoniste qui déborde l'épicurisme ascétique du fondateur.

Par la suite, les hommes de science s'emparent discrètement du matérialisme alors que triomphe le christianisme d'État. Observations, expérimentations, soucis d'astronomes calculant le mouvement des planètes et scrutant le silence de l'univers, de médecins anatomistes cherchant dans la dissection le mystère de la vie, de physiciens préoccupés par les questions du vide, de l'infini, de la pluralité des mondes, de logiciens nominalistes interrogeant les rapports des mots et des choses, de mathématiciens à la recherche d'un nouveau langage, le matérialisme active plus la recherche scientifique que la réflexion philosophique — mais les deux se nourrissent mutuellement. Le matérialisme antique poursuit une carrière sans tapage, mais efficace. Qu'on lui demande aujourd'hui, alors que bascule le deuxième millénaire chrétien, des leçons pour une érotique déculpabilisée pourvoyeuse de corps réconciliés avec la vie.

Deuxième partie

LOGIQUE DU PLAISIR

Chapitre premier

DE L'ÉCONOMIE

« Voyez les visages des grands chrétiens! Ce sont les
visages des grands haïsseurs. »

NIETZSCHE, *Aurore,* § 411

« Le christianisme est un platonisme pour le *peuple.* »

NIETZSCHE, *Par-delà le bien et le mal,* Avant-propos

EMBLÉMATIQUE DE L'ÉLÉPHANT MONOGAME

Dans le bestiaire libertin, la hyène se faufile dans de multiples rubriques. La dactylographe, familière de l'est de l'Europe, fut naguère un spécimen redouté souvent remarqué en compagnie de vipères lubriques et autres animaux soviétiques dangereux. Les hommes du désert connaissent son pas inquiétant, son échine courbée, son ventre rasant le sable, son pelage fauve sale ocellé de noir, son arrière-train baissé, ses babines retroussées, son air méchant, la gueule ouverte, les dents effilées, la mâchoire prête à mordre, sa dilection singulière pour les charognes ou cadavres qu'elle déterre avant de les dévorer. Sa puanteur légendaire, sa timidité, son repli, le jour, dans grottes et cavernes, sa fréquentation, la nuit, des zones habitées, n'empêchent pas sa possible domestication. Son rire, enfin, du moins son cri si proche du rire des hommes, fait frissonner quiconque l'entend dans les parages de son campement.

Parmi les Pères de l'Église, Clément d'Alexandrie ne recule pas devant les confidences et raconte les raisons justifiant l'association de la hyène et de la lubricité. D'aucuns, dont l'auteur du *Protreptique,* affirment que l'animal multiplie les rapports sexuels, ne s'en prive jamais, crée les occasions et varie les positions à l'infini. Pire, quand la femelle attend des petits, elle ne recule pas devant les avances de son mâle et invente infailliblement toute une gymnastique lui permettant de joindre l'utile de la posture à l'agréable de la jouissance. D'où, vraisemblablement, les invites de Méthode d'Olympe à ne pas consommer de sa chair, à s'en méfier au même titre que celle de la belette. Car en s'incorporant la viande d'une bête vicieuse, on risque soi-même de devenir vicieux — ce qui présente un certain nombre d'inconvénients majeurs quand, comme le philosophe chrétien, on disserte sur l'art et la manière de pratiquer la virginité...

Le bestiaire patrologique propose l'éléphant comme antidote à la hyène lubrique. Même teintée de lacanisme une symbolique de la trompe ne suffit pas à discréditer l'animal. Hildegarde, sainte de son état, trouve par exemple dans l'appendice tubulaire matière à digressions théologiques d'importance, puisqu'elle enseigne qu'après avoir creusé le sol de sa patte, l'animal l'enfouit dans la terre afin d'aspirer les parfums du paradis et de s'en nourrir avec délectation. D'autres personnages bien inspirés et informés, en l'occurrence les auteurs anonymes du *Physiologus* médiéval, associent au couple d'éléphants l'idéale représentation d'Adam et Ève quand ils vivaient heureux, avant la faute, dans le paradis concocté par Dieu à leur intention. Le mâle et la femelle, dit-on, ignoraient même l'existence de la sexualité. Évidemment, voilà une définition irréfutable du paradis : l'innocence des corps...

De l'éléphant, donc. Les descriptions faites par Élien fournissent l'ensemble des renseignements disponibles sur cet animal symbolique pendant des siècles. Il aime les parfums et la musique qui le calment, mais aussi les fleurs. Sa crainte du feu, légendaire, le conduit toujours à fuir de manière éperdue les incendies de forêt. Sa sagacité se manifeste dans l'art pharmaceutique de se retirer une flèche quand un archer l'a blessé. Sa méfiance le montre en train de troubler l'eau des points où il vient boire avec prudence. En revanche, si l'eau lui réussit, le vin induit sa perte et les hommes décidés à le capturer savent efficace le recours au procédé alcoolique. Pline ajoute qu'il rend un culte aux astres et vénère avec piété la lune et le soleil.

Les raisons qui scellent l'affection des hommes pour l'éléphant procèdent de projections plus anthropomorphiques. Sa vénération des anciens du troupeau, par exemple, plaît pour la passion familialiste — un genre d'obéissance au commandement qui invite à honorer son père et sa mère. On le voit même parfois manifester de la piété pour les défunts, sinon se lamenter aux funérailles. Sa soumission aux ordres doublée d'une capacité à intégrer et mémoriser les tâches apprises — une sorte de vertu laborieuse et travailleuse ; son intelligence du langage de la patrie, ajoute le même Pline — excellence du patriotisme après le goût prononcé pour la famille et le travail —, tout cela structure l'animal à la façon d'un homme vertueux selon le principe social et collectif.

Mais plus encore, Élien et Pline célèbrent l'éléphant pour sa morale sexuelle, sa façon d'user de son corps, son rapport à la libido et son génie de la subsomption de pulsions naturelles sous les registres de la pudeur, du voilé, de l'économie. François de Sales reprend d'ailleurs presque mot à mot la description du naturaliste grec de Préneste. Ainsi, à quinze siècles de distance, le *Traité sur la nature des animaux* fournit au saint matière à développement édifiant sur le mariage et le couple. Qu'on lise ou relise son *Introduction à la vie dévote*. Contre la lubricité de la hyène païenne, le christianisme réactive les vertus de l'éléphant monogame.

D'abord en insistant sur le caractère moral de l'animal dont on souligne l'immense talent pour la probité, la prudence et l'équitabilité. Ensuite, en décidant de la presque inexistence en lui du désir sexuel. Voilà vraisemblablement la raison pour laquelle il hait le serpent, animal mauvais, tentateur et vil, systématiquement piétiné et écrasé quand il le croise sur son chemin. De même, il ne livre jamais aucun combat pour une femelle. Naturellement, l'animal baigne dans l'innocence et ignore la concupiscence. Idéal de perfection des corps.

Quand toutefois pour des raisons de reproduction de l'espèce l'éléphant obéit aux impulsions de sa libido, un saint mouvement le conduit vers l'Orient, en direction du paradis. Là, il cherche et trouve un arbre singulier — un genre de mandragore, disent les textes — au pied duquel il s'installe. Après avoir mangé, le couple s'agence dos à dos, afin de ne pas se voir en pareille circonstance. Puis le mâle s'unit à la femelle — une seule à laquelle il reste tendrement fidèle toute son existence. Elle accouche bien vite dans un marais, puis allaite. Mais ces moments restent exceptionnels dans son existence car on lui prête seulement cinq jours de chaleur tous les trois ans. Il obéit si discrètement à ses pulsions que personne ne l'a jamais vu forniquer. Ce qui n'empêche pas les naturalistes anciens de conclure leurs considérations naturalistes et symboliques en soulignant la capacité de l'animal à comprendre l'impureté de son geste puisque après l'acte sexuel il procède à des ablutions appuyées avant de retrouver le troupeau.

Perfection symbolique de l'animal : pas ou peu de désir sexuel, une innocence libidinale sans nom, inespérée, une vertu inoxydable, une fidélité monogamique irréprochable, une sexualité mise au seul service de la reproduction, un talent fou pour l'amour conjugal et la paternité, un anthropomorphisme éthique sidérant, une honorable prescience du caractère impur de l'accouplement, un sacrifice accompli aux valeurs constitutives des civilisations occidentales, l'éléphant fournit un modèle sans aspérité au désir chrétien de formuler une esthétique des passions, une logique des plaisirs et une théorie de l'idéal ascétique pour les corps sexués.

En matière de plaisir, le grand anathème historique et inaugural en Occident se repère incontestablement dans la pensée juive et plus particulièrement vétérotestamentaire. L'*Ancien Testament*, on le sait, fourmille d'imprécations contre la chair, les désirs et les plaisirs, il fustige le corps, les sensations, les émotions et les passions, sa haine de la vie n'a d'égale que sa détestation des femmes. Car le monothéisme juif invente la misogynie occidentale, la formule, lui donne ses lettres de noblesse, puis permet au christianisme et à l'islam de poursuivre l'œuvre entamée en filant d'abord la métaphore de la détestation du corps des femmes, puis celle des femmes dans leur totalité. *Torah, Nouveau Testament* et *Coran* fabriquent et légitiment un monde masculin construit sur la déconsidération généralisée du féminin.

Le projet mosaïque vise la fin de l'innocence du plaisir par la promotion exacerbée de la Loi, de l'interdit formulé par un Dieu violent. D'où un cortège de malédictions édictées par les religions et sous l'empire desquelles la plupart vivent aujourd'hui le quotidien de leur corps : culpabilité, crainte, peur, angoisse, fâcherie avec soi-même, sens de la faute et discrédit de la chair promue véhicule essentiel du négatif. La castration menace toujours dès l'apparition de l'ombre du désir et du plaisir. A l'endroit de toute hypothétique satisfaction d'une envie, la logique monothéiste ne varie pas dans ses réponses : renoncer, refuser, résister, réprimer. De sorte que face à la demande charnelle d'un corps, les thuriféraires de la religion du Livre répondent soit par la pure et simple invite au renoncement, soit par la nécessité d'une impérieuse codification.

Dans cette guerre généralisée contre la vie, comment s'y prennent les montreurs d'éléphants, pourchasseurs de hyènes ? En inscrivant le réel sous le signe de la concupiscence généralisée. Tous voient le monde comme un vaste champ de bataille pour des forces libidinales, des violences sexuelles, des puissances génésiques, et tous en appellent à l'apocalypse, à la pure et simple destruction de ce monde promulgué corrompu. Les plus modérés se résignent à une politique de la terre brûlée laissant place aux hommes sur terre pour prier, vénérer Dieu, tendre leurs forces restantes vers la célébration du Seigneur et organiser les moyens de la chasteté, de la virginité et de la continence.

La réponse religieuse monothéiste à la question du plaisir évite les dentelles et fioritures : qu'on organise l'holocauste du vivant et que triomphe le règne de la mort. La philosophie chrétienne, pour l'Occident, se charge de la tâche et fournit l'intendance de cette vaste opération ontologique de destruction du plaisir. D'où l'élaboration d'une vision du monde idéaliste, spiritualiste, intégralement construite sur le mépris de la vie. La généalogie judéo-chrétienne du Mal, grand gouverneur du réel dans sa totalité, s'affiche très nettement dans la *Genèse*, le livre des fondations, de toutes les fondations. Y compris celle de la haine des femmes.

Le mépris du féminin soutient toujours l'édifice conceptuel des tenants de l'idéal ascétique. L'élaboration d'une théorie du libertinage suppose le dépassement de la misogynie et son anéantissement. Car cette détestation procède de la peur et des fantasmes du masculin mal assuré, vécu sur le mode arrogant de la violence et de l'agressivité. Toute virilité digne de ce nom procède de la force, le contraire de la violence, et du désir de la même force à l'œuvre dans le corps, la chair et l'âme des femmes. *Contre l'inégalitarisme misogyne, il s'agit de promouvoir l'égalitarisme libertin.* Haro sur la trompe d'éléphant, éloge du rire de la hyène...

La misogynie naît après la Création du monde, quand l'homme s'ennuie. Le premier livre du *Pentateuque* raconte toutes les origines, sans exclusive : la lumière, le firmament, les eaux, la terre, les étoiles, les oiseaux, les animaux. Puis l'homme. Tout semble achevé, presque parfait. Le jour et la nuit, les planètes et les comètes, les océans et les rivières, les montagnes et les plaines, les astres et les astéroïdes, les aigles et les colombes. Puis un mammifère supérieur pour l'instant innomé. Fabriqué d'une glèbe insufflée par Dieu, il flâne dans un paradis concocté pour lui plaire et dans lequel on ignore le négatif. Autant dire qu'en pareil lieu, on ne trouve ni mort ni souffrance, ni maladie ni négatif. Pas de femme, non plus, bien évidemment.

Le texte précise que Dieu se résout à créer une femme, la femme, parce qu'il n'a rien trouvé, parmi les animaux, qui permette le repos de l'homme et son loisir en compagnie. On frémit à l'idée que dans le bestiaire paradisiaque il soit venu à l'esprit du créateur d'apparier Adam à un autre mammifère, une vache, un singe ou une jument par exemple. Ou toute autre bestiole genre tatou, paresseux ou ornithorynque. L'homme s'ennuie, souffre de solitude, Dieu lui offre la femme. On connaît la chirurgie divine : l'endormissement, la *torpeur* dit le texte — généalogie de l'anesthésie —, l'ouverture du thorax, le prélèvement de la côte, la fermeture — naissance de l'incision, de l'ablation et de la suture —, puis la parturition merveilleuse et le devenir femme à partir de l'épiphénomène osseux masculin — origine de l'ostéopathie magique.

Que dit le texte, implicitement ? L'arrivée de la femme par défaut, en complément du règne animal défaillant et incomplet ; l'essence participative et découlante, conséquente, donc secondaire du féminin, à la manière d'un détail, d'un fragment, d'un morceau ; la totalité masculine entamée, blessée, amoindrie, la partie féminine obligée par cette origine ; le manque ressenti par l'homme à l'os ravi, et la quête de la femme pour recouvrer sa place dans l'économie primitive dont elle procède ; un genre de parfum androgyne, une sorte de préfiguration historique de la coupure platonicienne, un avant-goût du désir défini sur le principe du manque et de la satisfaction entendue comme complétude, recouvrement de la totalité, restitution du couple premier et de la forme intègre. Déjà dans l'ordre de son avènement, la femme paraît un ersatz, un succédané, un être supplétif.

La misogynie judéo-chrétienne, outre la genèse de la femme, contamine également la question de l'origine du mal. L'histoire a édifié des centaines de générations, des millions de personnes, via le catéchisme, l'histoire de l'art, les messes, les sermons, la théologie, la morale vernaculaire, voire la philosophie : le péché originel, la faute primitive, la désobéissance à Dieu, la transgression de la Loi, la damnation, la fuite du paradis relèvent de l'entière responsabilité de la première femme succombant à la tentation, entraînant le premier homme et engageant l'humanité tout entière dans le Mal absolu pour la durée des temps terrestres. Ève, cause du négatif, le féminin assimilé à la source des maux passés, présents et à venir, on ne pouvait espérer meilleur bouc émissaire, meilleure victime propriatiatoire. Hyène, serpent et bouc — décidément, le bestiaire convoqué pour exprimer le féminin a mauvaise réputation.

Or, les philosophes dignes de ce nom, ceux qui aiment savoir, connaître et montrent un talent mesuré pour obéir et consentir, devraient célébrer Ève pour son choix : elle décide, malgré l'interdit, d'user de sa liberté pour faire reculer la soumission et avancer l'intelligence. Car le texte de la *Genèse* ne dissimule pas les reproches adressés à la première femme : elle goûte du fruit de l'arbre de la connaissance — *désirable pour acquérir l'intelligence,* disent les versets — qui permet de distinguer le Bien du Mal. D'une certaine manière Ève brave Dieu, se mesure à lui, le veut égaler sur le terrain de la science. Elle désobéit à qui donne des ordres, commande, interdit et confine les hommes à la soumission intellectuelle, à la foi. En optant pour la connaissance, malgré le prix et les conséquences, Ève invente la philosophie. Péché mortel pour les vendeurs d'obéissance.

La suite, chacun l'a entendue dans son enfance : fin de l'excellence paradisiaque, damnation éternelle, apparition du négatif, pudeur dans la nudité, souffrance dans le travail, enfantement dans la douleur, soumission des corps à la mort. Fin d'un premier acte qui s'annonçait excellent pour l'homme et la femme, pourvu qu'ils renoncent à l'intelligence, la culture, la sagesse et se contentent de docilité à l'endroit de la Loi. A défaut, le monde se transforme en vallée de larmes justifiant l'expiation jusque dans les moindres détails, pour des siècles et des siècles. En ces temps menaçants, le négatif devient le moteur absolu du réel.

La colère de Dieu s'en prend ensuite aux rapports entre les hommes et les femmes, puis s'étend aux générations futures, car la puissance courroucée décide de *l'inimitié* éternelle entre les deux sexes, puis de la soumission des femmes à la puissance des hommes. Le mot *inimitié* signifie l'hostilité avec force et puissance. Dans le monde judéo-chrétien monothéiste, depuis la faute de la première femme, la différence sexuelle se vit sur le mode de la guerre, de la lutte des consciences de soi opposées, du combat pour déterminer un maître et un esclave. L'agonique règle toute intersubjectivité sexuée. Tout un chacun paie l'addition, et ce jusqu'à épuisement de l'humanité. Comment mieux attirer sur les femmes une haine inextinguible ?

Les trois religions du Livre poursuivent les femmes de leur vindicte et ne cessent d'enseigner leurs vices profonds : impureté, négativité, lubricité. Elles invitent aux ablutions, aux évitements, aux mises à l'écart, aux confinements, à leur installation dans un registre inférieur de l'humanité où leurs prérogatives se limitent à la maternité et au service des hommes. Le plaisir, sous toutes ses formes, devient la bête à abattre, l'ennemi radical. Ainsi, la sexualité hors la norme familialiste et le code religieux se paie de lapidation et de peine de mort. La femme habite l'une des enveloppes terrestres du diable.

Elle incarne — étymologiquement — le Malin. Adam, défaussé devant Dieu, accable Ève et la rend responsable du péché originel, il confesse l'abusement, l'erreur, la tromperie et veut la femme intégralement coupable. Clément d'Alexandrie sexualise l'épisode de la faute, oublie l'arbre de la connaissance et réduit le geste d'Ève à une volonté de connaissance *au sens biblique* du terme. L'humanité peut alors s'engager sur la voie terrible de l'idéal ascétique, la pensée juive et la tradition platonicienne fusionnent généalogiquement dans la figure effrayante de Paul de Tarse. L'Occident précipite des milliards d'individus dans deux mille ans de haine de soi, de mépris du corps et de misogynie échevelée.

Paul de Tarse ! Y eut-il dans l'histoire de l'humanité homme plus névrosé à l'origine d'une révolu-

Logique du plaisir

tion intellectuelle, idéologique et philosophique d'une pareille étendue, avec tant de conséquences nuisibles? Juif converti au christianisme, intégriste pharisien devenu victime après avoir été bourreau et persécuteur, inventeur de la mission évangélique et de la colonisation culturelle, du dressage masochiste des corps et de l'écharde dans la chair, il étend sa propre incapacité à vivre aux dimensions du Bassin méditerranéen, puis de la planète tout entière. Son dégoût de l'existence devient une obsession qu'il n'a de cesse d'exporter, de répandre, d'infliger. Sa haine de soi se transforme en haine du monde d'autant plus profonde qu'il double son ressentiment à l'endroit de la terre d'une vénération pour un monde idéal, fabriqué de toutes pièces, et promu seul réel existant pour un repli névrotique : le Ciel. Platon triomphe... Si d'aventure il avait vécu sa névrose dans son coin, l'inexistence intellectuelle de Paul de Tarse aurait permis l'écriture d'un autre Occident. Mais il a entraîné avec lui toute l'humanité dans le dégoût — et réussi son pari avec l'empereur Constantin, son formidable accélérateur dans l'histoire, son démiurge dans la civilisation impériale.

Paul fait rire les philosophes épicuriens et stoïciens qui le quittent sous les quolibets quand, sur l'agora d'Athènes où se trouvent quelques badauds mélangés aux sages antiques, il enseigne la résurrection de la chair et la vie éternelle. Comme avec les Éphésiens, les Corinthiens, les Romains, les Galates, les Thessaloniciens, les Philippiens, il déverse avec ferveur son poison évangélique, méprise le corps, déteste le désir, condamne le plaisir, fustige la sensualité, codifie la sexualité, vante la virginité et consent du bout des lèvres aux seuls actes indispensables à la reproduction de l'espèce. Son laïus fournit à l'Occident les modèles sous lesquels la plupart vivent encore plus ou moins consciemment leur rapport à la chair : l'aversion, la répugnance, l'exécration.

Bientôt, les philosophes ne rient plus, ni à Athènes ni ailleurs. En 415, Hypatie, pourtant néoplatonicienne, et donc bien peu dangereuse idéologiquement pour un sectateur du Crucifié, se fait lyncher et dépecer par les chrétiens devenus les acteurs essentiels de l'amour du prochain dans le Bassin méditerranéen. Entre l'émasculation d'Origène, le dépeçage public des femmes et la fermeture des écoles philosophiques d'Athènes par l'empereur chrétien Justinien, la guerre contre la chair et les corps fait rage, sans répit et sans relâche. Bruits et fureurs s'entendent toujours en échos dissimulés, mais réels, de ce combat au tournant du deuxième millénaire.

Que dit Paul sur la chair ? En fait, peu de textes à l'origine certaine — six Épîtres — concentrent son enseignement, quelques rouleaux, mais tous fournissent une base considérablement pillée et commentée, lue et annotée par les Pères de l'Église pendant une dizaine de siècles. Que sait-il du platonisme et de Platon ? A-t-il lu dans le *Phédon* les pages sur les Enfers, l'immortalité de l'âme, le jugement après la mort, la géographie céleste, la théorie du pardon ? Tite qui l'accompagne dans ses voyages, et qui est grec, connaît-il la philosophie de Cléanthe, de Chrysippe, celle de Carnéade ? Échangent-ils sur ce sujet ? On l'ignore.

Mais on peut sans difficulté rapprocher l'enseignement de Paul de Tarse et les options classiques professées par l'Académie platonicienne toujours active à l'époque où Paul évangélise : le dualisme qui oppose monde intelligible et monde sensible, corps et âme ; la négativité associée à la matière, au terrestre, au corporel, la positivité qualifiant l'esprit, le ciel, l'idée ; la nécessité d'une pratique de l'idéal ascétique et du renoncement aux désirs

Logique du plaisir

et aux plaisirs ; la purification de l'existence par la pratique d'une dialectique ascendante exigeant le travail sur soi — tout cela sent la vulgate platonicienne. Paul ingère, digère et dépasse l'esprit philosophique du temps, il cristallise la diversité et formule une option syncrétique. Puis pulvérise et asservit la philosophie avant de porter la théologie sur les fonts baptismaux d'une nouvelle discipline appelée à un succès considérable.

La misogynie, la faute des femmes, la nature peccamineuse de l'existence, le corps fautif, le plaisir honni et transformé chrétiennement en concupiscence généralisée, voilà les pierres angulaires de la proposition paulinienne. L'équation simple de l'entreprise idéologique nouvelle suppose l'augmentation d'autant plus nette des capacités de son âme qu'on méprise les potentialités de son corps. Plus l'esprit vise le ciel, plus la chair s'enfonce en terre, à la manière du cadavre. L'union céleste et jubilatoire avec Dieu se réalise plus sûrement si l'on se sépare du monde terrestre des hommes. Viser le salut dans l'au-delà où règne le Seigneur se paie du renoncement à l'ici-bas où la tentation, le mal, la faute et le péché agissent en moteur du monde. La corruptibilité du corps et de la chair interdisent le mouvement vers un univers de perfection incorruptible, car seul le semblable conduit au semblable — principe fautif de l'épistémologie ontologique paulinienne...

D'où la nécessité de mettre en conformité son âme et l'excellence intelligible. Car elle seule permet le salut, via l'expiation du péché originel. La salissure produite par la première d'entre elles se lave exclusivement par l'économie des femmes, leur éviction ou leur usage sur le mode d'une diététique extrêmement rigoureuse, codifiée à l'excès et placée sous le signe négatif. Le basculement de l'humanité dans l'enfer du monde s'enregistre dès le consentement d'Ève au désir, dès sa préférence du plaisir et du savoir. De sorte qu'on restaure l'état édénique primitif et originel en opérant à rebours : en renonçant au désir et au plaisir en se soumettant à l'obéissance.

« Fuyez la fornication », enseigne Paul concrètement. Lisons : renoncez à tout usage sensuel et sexuel de votre corps. Vivez la chair comme si vous étiez un cadavre, éteignez en elle toute trace de concupiscence, interdisez-vous les plaisirs sensuels du regard, de l'ouïe, du toucher, de l'odorat, du goût, donnez-lui seulement le strict nécessaire pour survivre. Boire, manger, dormir doivent viser uniquement la restauration de forces à utiliser ensuite pour la célébration de Dieu. Qui fornique ? Quiconque soumet son plaisir à lui seul et refuse de l'inscrire dans le cadre de la Loi laïque ou religieuse. L'étymologie — *fornices* — rappelle la voûte des chambres dans lesquelles, à Rome, les prostituées recevaient leurs clients. Chez Paul, le plaisir devient le Mal absolu. Il s'agit de l'endiguer, le contenir, le réduire, puis l'anéantir.

Les Épîtres proposent un absolu : la virginité ; elles ajoutent une concession pour qui l'idéal s'avère impraticable : le mariage. Le verset de la *Première Lettre aux Corinthiens* enseigne : « Mieux vaut se marier que brûler. » Cette phrase se trouve citée, commentée, reprise, analysée, disséquée, examinée sous toutes les coutures dans l'intégralité de la littérature patrologique consacrée aux questions des rapports entre les hommes et les femmes pendant au moins mille ans. Nous vivons encore sur cette formule, y compris les couples laïcs, non chrétiens, athées, mais construits sur le mode idéologique dominant.

Pour n'avoir pas à brûler, à se consumer, la plupart sacrifient au couple et nourrissent le désir captif, puis engraissent le plaisir chétif. L'idéal suppose le détournement des énergies libidinales vers des issues où elles se recyclent dans des activités de sublimation : la prière, la contemplation, la méditation pour les athlètes capables de virginité ; le couple, le mariage, la monogamie, la fidélité pour les individus aux volontés plus défaillantes. Les uns deviennent les moines du désert, les anachorètes forcenés d'encratisme, les autres, des couples classiques, renonçant à la volupté pour contenir la formidable énergie sexuelle dans de pitoyables formes où l'on encage la vie pour la domestiquer durant toute son existence.

L'abolition intégrale de la sexualité suppose, bien évidemment, l'éradication absolue des désirs, de tous les désirs, et l'interdiction formelle du plaisir, de tous les plaisirs. Le remède à la concupiscence suppose la radicalité de la continence. Dans le courant intégriste plaidant pour la stricte virginité, Méthode d'Olympe — un Père de l'Église de la seconde moitié du IIIe siècle —, convoque le platonisme dans un dialogue qui ne cache pas ses sources puisqu'il s'intitule *Le Banquet*. Platon s'y trouve démarqué de plusieurs manières, aussi bien sur le fond que sur la forme, mais nombre de références aux dialogues princeps de l'Athénien réapparaissent dans ceux de son émule. L'ouvrage de l'évêque laisse une trace considérable dans l'Europe et influence aussi bien les Églises catholiques romaines que les Églises chrétiennes orientales et orthodoxes.

Singulièrement, Méthode d'Olympe combat le mouvement néo-platonicien — Porphyre et Origène en l'occurrence —, car il le croit plus éloigné du christianisme que le platonisme lui même. A ses yeux, Jésus accomplit la doctrine de Platon mieux que Plotin. On ne peut rêver meilleur allié qu'un dignitaire de l'Église catholique pour mettre en évidence le rôle cardinal de l'auteur du *Phèdre* et du *Phédon* dans l'économie du christianisme. Avec lui, la thématique philosophique grecque se dissout dans la théologie chrétienne, puis il élargit

les deux mondes à l'aide de propositions qui inscrivent la virginité dans une perspective dialectique dont nombre de Pères de l'Église, Augustin
le premier, se souviendront.

Méthode d'Olympe écrit l'histoire du désir et du
plaisir l'œil rivé sur l'*Ancien Testament* et se
demande comment justifier le désordre sexuel de
nombre de prophètes très lointainement concernés par la monogamie et la fidélité. De sorte qu'il
recourt à l'argument démographique pour justifier l'existence de l'inceste dans les textes vétérotestamentaires. Selon lui, cette perversion ne se
légitime ponctuellement que pour assurer la survie de la nature et en permettre la durée dans des
temps où son existence confine à l'aléatoire. Ainsi
peut-on comprendre que la sexualité, dans des
temps reculés, concerne indistinctement les
membres d'une même famille. La polygamie
prend le relais et, après la pure et simple survie de
l'humanité, elle en permet la régulation. A un
stade supérieur, toujours en mouvement vers plus
de progrès éthique et spirituel, la monogamie
apparaît, et avec elle l'obligation de fidélité. Nous
en sommes là, évoluant dans ce moment dialectique de l'histoire des corps.

La virginité et le renoncement au plaisir se justifient dialectiquement parce qu'ils signifient un
degré supérieur dans l'évolution de l'humanité, un
pas vers plus de perfection humaine, un rapprochement de la divinité. Par « un attentif mépris de
la chair », écrit l'auteur du *Banquet* chrétien, on
pratique la purification, le rachat de la faute originelle et l'on approche l'état de béatitude de qui
contemple Dieu. A l'aide d'une quantité incroyable
de jeux de mots — Lacan paraît un petit garçon en
comparaison, et il reste à écrire une histoire de
cette lyrique sémantique dans l'ensemble du corpus patrologique —, Méthode d'Olympe fait dire à
l'une des participantes au banquet que l'homolo-

gie phonique entre virginité et divinité — *parthenia* et *pantheïa* — justifie la congruence idéologique des deux principes. Puisque les signifiants se ressemblent, décrétons la parenté des signifiés...

D'où la nécessité d'« exercices de vertu » intégrés dans un « programme de vie » pour réaliser le projet chrétien. La virginité suppose une diététique généralisée, un art de la tension permanente et de la volonté mobilisée. Tout le projet sotériologique de la philosophie antique aboutit dans les propositions de la patrologie : changer sa vie, pratiquer la dialectique ascendante platonicienne ou la procession plotinienne, partir à l'assaut et à la conquête de l'Un-Bien identifié à Dieu, se dépouiller de la chair en éteignant successivement les informations fournies par les sens, créer des habitudes d'existence, plier le corps à l'aide d'une ascèse redoutable — et se faire l'instrument du progrès éthique de l'humanité, puis réaliser enfin la cité de Dieu par l'entremise de vies singulières transfigurées.

Moins prosaïque et plus trivial, moins dialectique et plus pragmatique, Grégoire de Nysse défend la virginité et la position dure sur ce sujet avec d'autres arguments que la démographie mystique de son prédécesseur. Il en appelle à l'autobiographie, à la confession intellectuelle : car il connaît le mariage de l'intérieur. Après avoir convolé en justes noces, rompu aux affres de la cohabitation, du couple et des joies afférentes, il peut parler, conclure et enseigner sur ce sujet en connaissance de cause. Loin de justifier l'éradication du plaisir et l'abolition de la sexualité par la dialectique appliquée aux lois approximatives de la conception méthodienne, Grégoire s'appuie sur une logique éprouvée : le bon sens, l'observation méticuleuse d'un réel vécu et, étymologiquement, la réflexion.

Il connaît l'état d'époux, les inquiétudes et les tracas divers générés par le mariage : envie, suspicion, jalousie, et autres joyeusetés du foyer, l'âme des époux ignore la tranquillité et la paix. Dès qu'un être aimé entre dans notre existence, sans relâche on se ronge les sangs pour sa sécurité, sa santé, sa vie, son existence. On craint pour lui la maladie, la disparition, la mort. Le temps passant, l'entropie œuvrant, on se détache, on subit douloureusement une histoire dépourvue de sens, l'habitude grise et terne mène la danse. Parfois, on se met à se détester, on entreprend de se séparer. Qu'on visite les tribunaux, propose le Père de l'Église, pour vérifier le bien-fondé de ses dires...

Le mariage n'allant jamais sans la paternité et la maternité, Grégoire de Nysse verrouille sa démonstration et conclut qu'avoir des enfants ou n'en pas avoir pose dans un cas comme dans l'autre une inévitable série de problèmes. La stérilité, le renoncement, tout autant que l'engendrement, génèrent une somme considérable de difficultés. La présence de bambins dans un foyer renvoie aux angoisses et craintes connues pour la personne aimée, elles sont semblables. On redoute la malformation, la naissance problématique, l'accouchement fatal pour la mère, le veuvage, la maison désertée par l'épouse et hantée par les cris de l'enfant orphelin. Leur présence induit des problèmes de vie quotidienne, leur disparition des douleurs abyssales.

Ni épouse, ni enfants. Se marier et engendrer force à composer avec le monde sur le principe de l'illusion, du mensonge et de l'hypocrisie. Erreurs, fausses appréciations, compromissions se partagent le quotidien avec l'épouse ; angoisses, craintes, inquiétudes avec les progénitures. Et puis, faire des enfants contribue à la propagation du péché originel, à la transmission, via les générations, de la malédiction en vertu de quoi tout un chacun, dès qu'il naît, est assez vieux pour mourir. Vouloir la vie correspond à œuvrer aveuglément pour la mort; interrompre le processus d'engendrement, c'est accélérer l'avènement du salut par l'extinction de la douleur qui mène le monde — Schopenhauer s'en souviendra en invitant à épuiser le vouloir-vivre pour réaliser la béatitude d'un néant triomphant du négatif.

Étouffer la concupiscence, éradiquer le désir, rendre impossible le plaisir supposent des techniques, des pratiques, la mise en scène d'exercices dont Grégoire précise les modalités et décrit les étapes : d'abord, priorité des priorités, quitter le mariage si l'on se trouve dans cet état; ensuite, se soustraire à la misère terrestre; puis, en finir avec l'être de désir rongeur du ventre et de l'âme, donc anéantir toutes les informations procurées par le corps et véhiculées par les cinq sens; de même, renoncer à la vie matérielle et à son cortège de fausses gloires, d'honneurs ridicules et de voluptés trompeuses; pour finir, indexer son quotidien sur les préceptes de Dieu. L'ensemble se pratique sous le regard d'un maître, d'un conducteur d'âme superviseur de la purification et du renoncement au monde.

Le stade ultime de la procession intellectuelle ? La contemplation de la beauté de Dieu, l'union avec le seul objet désirable dont le *Traité de la virginité* propose une approche en recyclant la théologie négative platonicienne : l'inexprimable, l'insaisissable, la lumière intelligible, l'ineffable, l'incorporel, l'indicible, le Beau en soi, sans forme, sans figure, invisible et imperceptible. Pour pratiquer ce genre d'éther, s'y mouvoir avec grâce et félicité, mieux vaut être sans corps et avoir réduit son existence à celle d'un ectoplasme. Loin du mariage corporel associant vulgairement deux corps périssables, la théologie de Grégoire veut le mariage spirituel unificateur de l'âme du chrétien et de la puissance divine. En Occident, jamais ontologie n'a frôlé d'aussi près le néant, jamais une spiritualité collective n'a à ce point travaillé à détruire le corps, à nier la vie et à discréditer le réel...

Moins nihiliste que l'option d'abolition radicale de la sexualité dans la continence, un courant de la patrologie témoigne non pour l'holocauste du plaisir mais pour sa codification. Aux antipodes de l'apocalypse, de la destruction et de l'anéantissement du désir, rageusement défendus par les intégristes du négatif, les pragmatiques formulent des concessions et proposent de fixer le désir nomade, de le sédentariser et de le réduire au minimum en pensant qu'il vaut mieux réussir une chasteté abordable et praticable que manquer une continence impossible et irréalisable. A trop viser et tenter la performance ontologique, on risque la contre-performance pratique.

Certes, la ligne de fracture entre abolitionnistes et possibilistes en matière de sexualité chrétienne ne tranche pas toujours radicalement l'œuvre. La différence se manifeste nettement dans les options proposées par les uns et les autres pour résoudre la question des usages du corps : la continence pour les premiers, donc la virginité absolue, la chasteté pour les seconds, donc la proposition du mariage comme unique forme destinée à contenir l'énergie sexuelle. La chasteté chrétienne recycle la pureté primitive des vierges gardiennes du feu dans la Rome antique. Elle suppose le renoncement à tout plaisir charnel condamné par une instance éthique. De même, elle inclut l'abstention de toute pensée impure. Mais, pour la définir, il faut une force souveraine qui pose la Loi puis interdit dérogation et transgression. La chasteté renvoie à la religion, donc au social qui la détermine. Et vice versa.

Ainsi, l'Église établit les conditions de possibi-

Logique du plaisir 125

lité de la sexualité. Pendant plusieurs siècles, les autorités ecclésiastiques édictent des pénitentiels dans lesquels se formulent de façon draconienne les autorisations de relations sexuelles après considérations et calculs de tous les interdits relatifs aux menstruations, grossesses, parturitions, fêtes religieuses, vigiles, dimanches, jeûnes, communions, carêmes et autres interdits générateurs d'un calendrier drastique en matière d'usage du corps de l'autre. Reste, grossièrement, un jour sur quatre, en moyenne, pour éviter le péché, en dehors des grossesses, bien sûr. Mais la complexité des répartitions de ces journées sur un calendrier interdit d'envisager régulièrement un rapport sexuel tous les quatre jours. Le pénitentiel indique les possibilités, pas les obligations. Nul besoin de préciser que pareille arithmétique contribue puissamment à la culpabilité, à l'angoisse, à la crainte de ne pas respecter, même accidentellement, les prescriptions de la Loi.

La chasteté suppose donc l'indexation de la pratique sexuelle sur les édictions sociales formulées par la chrétienté. Elle oblige dans le temps, mais aussi dans l'esprit : prohibition, bien évidemment, de relation sexuelle avec un partenaire libre, non marié, pas question de passion amoureuse, de bisexualité, d'inceste, de nudité, d'homosexualité, de sodomie, d'érotisme, de jeux amoureux, de masturbation. On interdit même les érections et éjaculations involontaires. Le mariage propose donc un pis-aller, une concession abandonnée par les autorités chrétiennes dans l'unique dessein d'éviter un mal plus grand que la sexualité conjugale : la liberté sexuelle, le nomadisme libidinal, le libertinage. A défaut de virginité, et parce que les hommes pèchent, on tolère le couple comme forme du moins pire.

Pour ne pas brûler, tiédir : voilà le mot d'ordre de la conjugalité catholique décalquée par le

couple ressortissant à la morale laïque et bourgeoise sous l'empire duquel la plupart vivent
encore. Tertullien (160-220) s'inscrit dans la lignée
des nombreux auteurs de traités de virginité et de
continence, mais on lui doit également des pages
sur le bien-fondé du mariage qui inspirent les
tenants du possibilisme sexuel. Commentant la
Genèse et constatant qu'« Adam avait plusieurs
côtes, et Dieu des mains infatigables », l'auteur du
Mariage unique met en évidence la possibilité
technique pour la puissance souveraine de donner
à Adam autant de femmes que se peuvent retran-
cher anatomiquement de côtes au premier
homme avant qu'il s'effondre en pantin désarti-
culé — une dizaine ? Pour quelles raisons le
chirurgien céleste s'est-il abstenu ? Explicitement
pour enseigner l'excellence de la monogamie et du
couple formé d'un homme et d'une femme.
Certes...

Tertullien adoucit Paul et refuse l'enfermement
dialectique des Épîtres : soit le bien dans l'absolu,
soit la concession par défaut. Évidemment, la virginité constitue l'idéal de perfection. Mais à ses
yeux le mariage n'est pas pire ou moindre mal.
Plutôt une autre possibilité, une alternative à
mettre sur le même plan : continence vaut chasteté, car l'une et l'autre fournissent deux voies
d'accès différentes à la même vérité. La chasteté
propose une autre façon de réduire le désir
nomade, non pas en y renonçant définitivement,
mais en le fixant ponctuellement. Épouser ou
renoncer formulent deux modes irréductibles de
l'usage chrétien de soi.

L'*Ancien Testament* fournit à Tertullien une justification à ses propos : Adam et Ève, par exemple,
indiquent la voie à suivre. Il s'agit de restaurer
l'union primitive et de réaliser l'androgyne chrétien proposé dans le livre des fondations. Noé lui-
même indique la voie en embarquant des couples

Logique du plaisir

dans son Arche, et seulement des couples. Pour braver le Déluge qui s'annonce interminable, pour assurer la reproduction des espèces et la durée de l'humanité, pour sauver ce qui doit l'être — même si la mythologie précise qu'il oublie ce jour la licorne qui ne méritait pas pareil affront —, l'inventeur de l'ivresse opte pour le couple bisexuel et fonde nécessairement, lui aussi, la forme occidentale du consentement à la nécessité biologique. Adam et Ève, puis l'étalon et la jument de Noé, son merle et sa merlette, son lion et sa lionne, affirment sans ambages l'évidence irréfutable des agencements binaires et hétérosexuels. De plus, ils annoncent métaphoriquement, allégoriquement, l'excellence de l'union spirituelle entre le Christ et l'Église. Ainsi le mariage mystique fournit au couple humain le modèle du mariage charnel.

Le couple marié manifeste donc un idéal pour la vie terrestre, mais il engage également pour l'éternité, puisque lors de la résurrection chacun découvre la vie éternelle, avec un corps glorieux et en compagnie de son épouse. Mais laquelle si les mariages ont été multiples ? D'où le militantisme forcené de Tertullien pour le mariage unique, puis sa condamnation du remariage des veuves — la « continence viduale » d'Augustin —, du divorce ou de la répudiation suivis de nouvelles noces. Tout second mariage définit et inaugure très nettement un adultère.

De nombreux Pères de l'Église consacrent des pages d'exégèse à ces questions du remariage : la mortalité importante, la brièveté des unions interrompues par la mort des femmes en couches multiplient les problèmes posés aux fondateurs de la chrétienté. Ils concluent à l'exclusivité d'un mariage et à l'interdiction de toute autre forme de nouvelle union. Le jour où tous quittent le tombeau pour entamer leur vie éternelle, il s'agit d'éviter la pagaille d'une polygamie et d'une polyandrie généralisées, d'une orgie mystique d'envergure inégalée, car dans l'éternité, les morts accèdent à une égalité définitive. Gouverner, c'est prévoir...

Cent cinquante ans plus tard, Augustin (354-430), évêque d'Hippone, clôt un certain nombre des polémiques ouvertes par la multiplicité des discours patrologiques et fournit la matière canonique à l'Église officielle — toujours dominante dans les esprits occidentaux, même laïcs. Lui aussi écrit sur le péché originel, le paradis perdu, la virginité, l'impureté, la concupiscence, la continence, le renoncement, la chasteté, le mariage, le veuvage, et d'abondance. Lui aussi en réfère à l'enseignement des Épîtres de Paul de Tarse, constamment citées, puis aux deux Testaments, perpétuellement convoqués. Lui aussi disserte longuement sur la virginité de Marie, le célibat de Jésus, l'Église comme Mère et Vierge, la sanctification de tout renoncement par Dieu, et par lui seul, la purification du corps par la procession ascétique. Lui aussi enseigne la virginité en l'élevant comme voie d'accès privilégiée à la fécondité réelle, celle de l'esprit. Lui aussi voue la chair et le corps aux gémonies.

Amateur de jeux de mots, à la manière de ses prédécesseurs en Patrologie. Augustin analyse, comme tant d'autres, le récit du premier livre de l'*Ancien Testament*. A partir des modalités ostéogéniques de la création d'Ève, il conclut à la nécessité et à l'obligation pour les hommes et les femmes de vivre « côte à côte ». L'argumentation vaut ce qu'elle vaut, et je préfère ce genre de raison ludique aux rhétoriques ampoulées, truffées de références et de citations, exégétiques et soporifiques, qui saturent habituellement la Patrologie grecque et latine, puis fournissent aux universitaires de tous temps leurs modèles d'écriture, de rédaction et d'exposition de leurs thèses. Ainsi, pour Tertullien et Augustin, le nombre des côtes et leurs usages bricolés pèsent plus lourd qu'un syllogisme ou un principe de non-contradiction... Réjouissons-nous.

Quand il ne préfigure pas les séminaires lacaniens, Augustin recourt, à la façon de Grégoire de Nysse, à l'expérience personnelle, à son histoire propre. Même si le texte du philosophe ne renvoie pas nommément à l'existence de son fils Adéodat, on imagine que les développements consacrés par l'auteur du *Bien du mariage* à justifier le sacrement, ou à fonder théologiquement la paternité, s'inspirent de méditations personnelles et s'apparentent à un plaidoyer *pro domo*. Évitant le recours direct à l'autobiographie, Augustin en appelle à la nécessité de perpétuer l'espèce, de faire durer la planète, cette création de Dieu, et de rendre possible un monde d'orants tendus vers l'invocation divine. Le péché originel génère la mort, l'enfantement vaut réparation pieuse.

La sexualité se légitime exclusivement dans la perspective de la procréation. Le mariage donne la forme dans laquelle le désir doit se fondre, en dehors de toute autre possibilité. Son excellence réside dans sa capacité généalogique à légitimer des pratiques codifiées : continence, contention, retenue, canalisation. Augustin va jusqu'à définir le mariage comme volonté de fidélité, indépendamment de tout contrat officiel devant Dieu, le prêtre ou une quelconque autorité administrative. L'union libre de deux individus consentants qui excluent la contraception, l'avortement, la sexualité pendant la procréation, et tous les interdits formulés dans les pénitentiaires, peut se nommer mariage, pourvu qu'elle s'entende sous le régime de la durée, de la répétition, de la réitération. La fidélité devient la vérité de toute sexualité, et avec elle l'exclusivité dans la monogamie.

D'où l'extraordinaire analyse, dans les textes de

la Patrologie grecque et latine, de la notion de devoir conjugal — appelé par Augustin « charité conjugale ». Personne ne possède son corps, mais chacun dispose de celui d'autrui. Pour éviter la libération du désir et l'expansion d'une volonté de plaisir en dehors des liens de la fidélité monogamique, il convient de théoriser l'obligation du consentement à la sexualité de l'autre, même si l'envie manque, par absence réelle et congénitale ou par l'effet entropique du temps. Naissance du devoir conjugal, appelé à terroriser une quantité innombrable de femmes tenues de subir l'animalité sexuelle de leurs maris, loin de toute érotique solaire, sur le mode de la violence féodale ou de la nullité accomplie. Pécheresses et fautives, les descendantes d'Ève expient de la sorte leur mauvaiseté originelle.

Certes, l'idéal appelle le renoncement, la virginité et la continence ; bien évidemment, pour ceux que l'absolu tétanise, interdit ou inhibe, la codification invite à la chasteté et au mariage, à la monogamie et à la fidélité ; mais déjà, dans ce deuxième cas de figure, on commet une série de péchés véniels ; enfin, pour ceux que ni l'idéal ni les concessions ne satisfont, qui ne trouvent pas dans le devoir conjugal les moyens de contenir suffisamment leur libido et de lui donner une forme socialement et moralement acceptable, le Docteur de l'Église consent à la prostitution, préférable à l'adultère, à la fornication et à la liberté du désir recouvrée. Au lieu de souiller le foyer familial en débordant les horizons de la monogamie conjugale, l'auteur de *La Virginité consacrée* tolère le recours aux amours tarifées — et Thomas d'Aquin, servile, lui emboîte le pas sur le même sujet, et pour les mêmes raisons.

Arrêté, stoppé, fixé, le désir se moule dans les moindres détails de cette forme sociale pour plusieurs siècles. La sexualité libre, la libido libertaire, le plaisir nomade demeurent les ennemis prioritaires sous les vocables très chrétiens d'adultère, de fornication, de luxure et de concupiscence. Même si ces mots devenus caducs invitent maintenant à sourire, les idées et représentations associées ne cessent de travailler l'Occident et de lui imposer sa marque puissante. La tromperie, l'infidélité, la trahison, et tout ce qui caractérise l'inconstance volage sonnent aujourd'hui affectivement et effectivement de la même manière que les concepts chrétiens précités, termes à termes. On ne fornique plus, mais on trompe, on ne commet plus le péché de luxure, mais on trahit. Les mots changent et disparaissent, pas ce qu'ils signifient ou fustigent. Nous vivons sous l'ordre conceptuellement travesti, mais idéologiquement réactivé, du judéo-christianisme abrutissant.

La constitution et la structuration de l'Occident bourgeois et laïc contemporain procèdent de cette vision dégénérée du monde : haine des femmes, misogynie structurelle, schizophrénie généralisée, pensée binaire et moralisatrice, obsession concupiscente de soumettre la sexualité à une diététique ascétique intégrale. L'idéologie de l'impuissance masculine véhiculée souterrainement et aveuglément par les monothéismes vise la fin du monde terrestre, la mort du désir, la condamnation du plaisir, le discrédit total jeté sur la vie. La névrose sociale chrétienne génère les bordels et la sexualité animalisée, la domination brutale et le pouvoir mâle sur des millions de femmes sacrifiées en nombre, l'inimitié entretenue entre les deux sexes, le conflit aggravé entre la part réfléchissante et la part viscérale imbriquées en chaque individu.

Ainsi, loin des justifications théologiques, des jeux de mots ludiques et des lectures abondamment commentées de la littérature biblique, indépendamment des considérations de démographie ontologique, ce que sous-entend silencieusement la théorie chrétienne de la chasteté relève de l'art perfide de faire triompher les idéaux ascétiques. En liaison avec la misogynie fondatrice et fondamentale de l'idéologie judéo-chrétienne, la doctrine du mariage et du couple figé procède d'une même peur du désir, d'une semblable inquiétude à l'endroit des puissances magnifiques du plaisir, d'une tragique élection des femmes comme victimes émissaires de l'impuissance des hommes en relations étroites avec leurs fantasmes de castration. La chasteté revendiquée dispense de compter avec les craintes de ne savoir ni de pouvoir assumer sa libido, notamment pour les hommes qui mettent au point cette idéologie de la haine de soi transfigurée en haine du monde, de peur de soi transformée en peur du monde.

Le déterminisme physiologique masculin de l'érection et de l'éjaculation expose aux risques d'impuissance, de détumescence, de précocité, d'incapacités diverses, toutes lisibles sous le registre freudien des symptômes du complexe de castration. Les théories du renoncement, de la continence, de la chasteté, relèvent de la seule construction mentale et intellectuelle des hommes — et parmi eux, des plus névrosés. La propagation évangélique de cette idéologie exclut les femmes depuis l'origine jusqu'à nos jours. Le christianisme propose une thérapie dont le prix suppose l'holocauste des femmes et du féminin.

Le discours chrétien s'érige sur le mode phallocentrique. En discréditant le plaisir, les mâles se dispensent par avance de l'obligation d'être à la hauteur physique de leurs impulsions. Morale provisoire de tempéraments fragiles qui compensent dans l'investissement de la pulsion de mort. La haine des femmes découle d'une peur des femmes; mêmement, la haine du plaisir procède d'une peur du plaisir. Le libertinage invite à anéantir ces angoisses, à les dépasser, puis à vouloir les femmes en égales sur tous les plans, en partenaires et complices, et jamais plus en ennemies ou furies menaçantes. En ce sens, il *propose* virilement une doctrine féministe.

Chapitre second

DE LA DÉPENSE

Chapitre second

DE LA DÉPENSE

« Ne pas s'attarder à une personne, fût-elle la plus aimée —, toute personne est une prison et aussi un refuge. »

NIETZSCHE, *Par-delà le bien et le mal,* § 4

« L'amour d'un seul être est une barbarie car on le pratique aux dépens de tous les autres (...). »

NIETZSCHE, *Par-delà le bien et le mal,* § 67

FACÉTIES DU POURCEAU ÉPICURIEN

Décidé, un goret ouvre la voie à une femme dont les artifices de vêtements et bijoux ne suffisent pas à diminuer ou réduire la nudité arrogante, bien au contraire. Rose du porc, groin devant, oreilles larges dissimulant un œil que j'imagine plissé, jambons prometteurs et couenne propre, parfumée peut-être, échine lisse et droite, queue en tirebouchon dorée à l'or fin, sabots ongulés du diable d'un côté; puis rose de femme, seins devant, aréoles triomphantes, galbes lourds, ventre gonflé par le désir, bras et épaules charnus, fesses amplement dessinées, formes épanouies, voluptueuses, port de tête altier, bouche sensuelle de l'autre. Les deux chairs se répondent.

L'animalité de la femme équilibre l'humanité du porc tenu en laisse par la créature baudelairienne : bas noirs aux motifs colorés et floraux sur les chevilles et le mollet, jarretières à nœuds bleus au-dessus des genoux, longs gants noirs eux aussi, ceinture de crêpe ou de dentelle à l'antique sous les seins, chaussures à boucles et à talons, chapeau sombre et plume d'autruche frémissante. Les bijoux, bien sûr, pendants d'oreilles, collier et bracelets d'or. Fleurs plantées dans la chevelure nouée dans le cou. L'ensemble se dessine sur fond d'azur percé de lumières d'étoiles. Des angelots fessus, mafflus, nus et travaillés par la volupté, étirent leurs corps dans l'éther sidéral.

Et une toison pubienne d'autant plus insolente et fournie que le regard de la femme se cache derrière un bandeau dont le serrage lui lève un peu la tête. Figuration moderne de la féminité conduite par le vice, ou de la femme guidée par la vénalité, bien que tenue en main à la façon d'un animal domestique soumis, l'aquarelle aux pastels rehaussés de gouache de Félicien Rops, *Pornokratès*, raconte paradoxalement et ironiquement l'éternelle figure du désir exprimée dans les catégories d'un Occident chrétien qui pénalise la sensualité et associe le porc aux instincts, pulsions et passions. Allégorie de la Fortune, bien évidemment, les yeux bandés, obéissant à une impérieuse nécessité païenne assujettissant sous son pas l'ensemble des muses perdues dans leur autisme.

Depuis une éternité le porc signifie les passions sensuelles et le plaisir innocent pris à la volupté simple dans la fange. Les Égyptiens de l'époque la plus haute le rencontrent avec crainte dans la rue et évitent absolument son contact. A défaut, quand ils le touchent, même par inadvertance, ils courent se purifier au point d'eau le plus proche dans lequel ils plongent tout habillés. Une fois dans l'année, on le fête, mais pour le mieux massacrer dans des cérémonies expiatoires et cathartiques. Ses gardiens constituent une caste d'impurs et d'intouchables dont les filles, définitivement, ne peuvent se marier.

Dans l'histoire des idées philosophiques, la métaphore court et traverse les siècles. Héraclite, le plus ancien, fustige le porc pour sa complaisance montrée, sans complexe ni retenue, aux souillures et sanies, à la boue, aux ordures, aux saletés. Démocrite, le très atomiste et matérialiste, lui aussi, n'épargne pas la bête au groin, et pour les mêmes raisons métaphoriques que Plotin, le

Logique du plaisir

très éthéré et mystique auteur des *Ennéades*. Crasse, puanteur, impureté, le mammifère révulse. Par ailleurs, les moralistes repèrent et fustigent sa virilité exacerbée : avec son sexe spiralé comme sa queue, il copule en permanence, même quand la femelle attend ses petits. De doctes théologiens du Moyen Age soulignent sa parenté viscérale avec l'homme : il montre des angoisses semblables à celles du bipède sans plume — peur de la nuit, des bruits inconnus et de la mort.

On oublie bien souvent que le porc remplace longtemps et avantageusement l'homme sur les tables de dissection quand sévit l'interdit d'ouvrir des carcasses très chrétiennes. Qu'enseignent ces leçons d'anatomie substitutives ? L'équivalence de l'homme et du cochon dans leur matérialité, l'épaisseur de leur chair, puis l'aspect démoniaque de la matière, de la viande en l'homme. Car le christianisme associe l'animal au diabolique. Quand Jésus, talentueux thaumaturge comme on sait, expulse les démons du corps d'un possédé, ceux-ci demandent tout naturellement à s'incarner dans un troupeau de porcs, et plus particulièrement dans le ventre des mammifères élus. Le diable aime plus que tout la bête aux pieds fourchus que ni les juifs ni les musulmans ne consomment, en partie pour contrebalancer la dilection de l'ange déchu pour l'animal grognant.

Au septième siècle avant notre ère, le poète satiriste Sémonide d'Amorgos invente la cochonne, au sens donné familièrement à l'épithète bien connue. L'histoire de Circé la magicienne ajoute à la charge, car la femme aux pouvoirs redoutables se venge de tous les hommes qui la pressent de consentir à leurs avances, puis les métamorphose en gorets hurlant dans son palais. Elle touche d'une baguette le mâle arrogant, un peu trop insistant, et le transforme immédiatement en promesse de jambon. Le grand nombre de ces bêtes à ses côtés renseigne sans aucune possibilité d'erreur sur son ineffable beauté. Le porc accompagne les destins soufrés.

Les mêmes Grecs usent abondamment du mammifère omnivore pour leurs sacrifices. Aristote remarque l'excellence de la bestiole pour ce genre d'exercice religieux. On la destine aux entrailles de la terre, à la Terre Mère. Les modalités de mise à mort supposent des femmes qui renoncent au feu purificateur, culinaire ou destructeur pour précipiter les victimes émissaires au fond de gouffres où elles s'écrasent. Elles meurent de leurs blessures, puis se décomposent au fond des abîmes où on les jette. On récupère parfois les charognes pour les remonter à la surface, les travailler sur la pierre de l'autel, et utiliser la chair décomposée qu'on mêle aux semences destinées à féconder la terre et à procurer de bonnes récoltes. Mort fertile, terre nourricière, cycle de pourriture et de renaissance, le porc accompagne une mythologie intimement associée au chtonien, au tellurique. Le cochon aime la glèbe, la glèbe aime le cochon.

Les chrétiens ne se privent pas de filer la métaphore cochonne. Pour les Pères et Docteurs de l'Église, le porcelet rose devient l'emblème des vices catastrophiques et rédhibitoires de qui sacrifie un peu trop lourdement aux vertus de l'immanence et en oublie même l'existence de la transcendance. Il désigne la gloutonnerie, la paresse, la goinfrerie, la gourmandise, la voracité, la luxure. Des artistes appointés par le pouvoir religieux figurent dans la pierre des cathédrales la Chasteté en triomphatrice de la truie soumise et foulée. Omnivore, aux portées innombrables, la cochonne et son mari symbolisent l'horizontalité délibérée et l'incapacité viscérale, ontologique, à la verticalité. Tous les deux stigmatisent la faute, le négatif, le péché, le mal, autant chez les Grecs que chez les tenants de la religion du Livre.

Logique du plaisir

Comment donc le pourceau coïncide-t-il avec la symbolique épicurienne ? De quelle façon en vient-il à caractériser les disciples d'un penseur primitivement et intégralement dévolu aux tristesses de l'idéal ascétique ? De quelle manière le philosophe au célèbre petit pot de fromage, aux maigres tartines de pain sec, au verre d'eau minimal, aux désirs réduits et aux voluptés monacales, devient-il le gardien d'un troupeau de cochons en furie ? Quand s'effectue le glissement, et selon quels principes, qui transfigurent le métaphysicien de l'obéissance aux seuls désirs naturels et nécessaires en porcher débauché ouvert aux sollicitations de la sensualité la plus débridée ? De la frugalité ascétique doctrinale et génétique au « pourceau d'Épicure » débraillé de l'incontournable *Épître* horacienne, quelques siècles plus tard, que se passe-t-il dans les chaumières philosophiques ?

Finalement, Horace écrit tout haut ce que nombre de Romains pensent tout bas : les disciples du philosophe au Jardin s'apparentent à des cochons. Sur un gobelet d'argent trouvé à Boscoreale, près de Naples, au pied du Vésuve, l'animal incriminé interroge du groin un guéridon devant lequel palabrent les squelettes d'Épicure et d'un acolyte, vraisemblablement Zénon Sidoine. Un autre petit cochon votif en bronze gît dans les découvertes archéologiques faites à Herculanum, toujours non loin du volcan, dans la villa des papyrus, aux côtés des manuscrits de Philodème de Gadara, l'initiateur d'Horace aux modalités de l'épicurisme campanien. L'animal colle très tôt à la réputation des individus qui se réclament de la philosophie épicurienne. Pour quelles raisons ?

En fait, de son vivant même, on fustige Épicure avec un nombre considérable de reproches induits par les fantasmes des opposants habituels à l'eudémonisme sous toutes ses formes, y compris

hédonistes. La peur de leur corps et de leurs désirs
anime ces gens-là et génère leur délire, puis libère
leur imaginaire défaillant. Là où la lecture suffit à
constater ce que signifient réellement, dans le
texte, le ventre, le désir, le plaisir, ou la satisfaction, ils supposent débauches, folies furieuses,
extravagances hystériques, libidos délirantes et
orgies grotesques. De la sorte, les ennemis de la
doctrine renseignent plus sur leurs propres
craintes et angoisses que sur la véritable nature de
la philosophie épicurienne. Parler du seul corps et
de ses logiques déchaîne toujours les imprécations
compensatoires des allumeurs de bûchers.

Voici la liste des insanités envoyées à la figure
d'Épicure par les habituels imbéciles en la circonstance : déjà, le reproche de l'impitoyable sang
familial et de la génétique fantasmatique : le frère
du philosophe se roule lui-même dans la
débauche, on le connaît pour son intempérance
caractérisée ; puis celui de l'incohérence, de l'écart
entre sa théorie et sa pratique, de la contradiction,
de l'attaque *ad hominem* : il vit avec une prostituée, Léontia, qui, de surcroît, se révèle être la
femme de Métrodore, son ami le plus intime, le
plus proche et le plus dévoué ; ensuite, il ne manifeste aucune originalité, aucune singularité théorique : il pille et exploite sans vergogne les manuscrits de Démocrite d'Abdère sur l'atomisme et
ceux d'Aristippe de Cyrène sur le plaisir, sans donner ses sources, voire en les dissimulant ; de
même, il flatte les grands, les puissants et pratique
en courtisan ; des lettres de lui, dont bien sûr
aucune trace ne subsiste, rapporteraient son
propre aveu de soumission à la tyrannie de ses
désirs, d'où l'impéritie de son enseignement, son
inefficacité caractérisée : il accourt dès le moindre
signe d'une femme de mauvaise vie, d'une dame
mariée ou d'un jeune garçon.

Timocrate en personne témoigne : il quitte

Logique du plaisir   143

l'école du philosophe après avoir appris qu'Épicure vomit deux fois par jour, par intempérance,
pour pouvoir réingurgiter aussitôt de nouveaux
plats. D'ailleurs, loin de sa réputation habituelle
de frugalité et de sobriété, les hommes du ressentiment crient à la cantonade que l'homme du Jardin dépense des sommes folles dans de grands
crus de vin, des mets précieux, raffinés et rares,
dans une vaisselle de luxe, de beaux objets, ou
qu'il puise dans ses économies pour s'offrir des
prostituées haut de gamme ; cette liste non
exhaustive propose les seuls biens considérés par
lui comme véritablement aimables ! Passe pour
Aristippe, mais pas Épicure qui consacre une
énergie considérable à bien distinguer dans son
œuvre le plaisir catastématique et ataraxique,
négatif, le sien, du plaisir cinétique et dynamique,
positif, du philosophe de Cyrène. Entrailles,
ignare, menteur et débauché, conclut Timocrate...

Dieu que l'usage même du mot plaisir gêne,
trouble et déchaîne les passions ! Combien les
névrosés, les malades, les malsains, les perclus de
haine de soi se lâchent dès la moindre pointe de
volupté et de joie dans le discours ou le propos ! Le
tempérament paulinien, judéo-chrétien et platonicien triomphe dans le ressentiment, le retourne-
ment de la pulsion de mort contre soi, le monde,
la vie, le réel, les autres. Tout comme la peur des
femmes génère la misogynie, la peur du plaisir
donne naissance à l'hystérie ascétique revendica-
tive et castratrice. Les amateurs de carrelet,
d'huîtres et d'éléphants détestent viscéralement
les tenants du poisson masturbateur, de la hyène
et du porc. L'animosité des ennemis de l'hédonisme trahit presque toujours la puissance des
douleurs qui les travaillent, les hantent, les
minent. Elle vaut symptôme.

Diogène Laërce, à qui l'on doit la consigne de
ces médisances, n'ignore pas qu'elles procèdent

d'une jalousie utile et efficace pour économiser la lecture de l'œuvre, sa compréhension et sa véritable critique fondée sur des arguments et appuyée sur l'analyse de ce qui se trouve réellement dans le texte. Épicure évolue intellectuellement et philosophiquement aux antipodes de ce qu'on lui reproche. Il précise assez ses thèses pour qu'aucune ambiguïté ne subsiste et que le malentendu soit impossible aux gens de bonne foi et d'intelligence normale. A l'époque, plus encore informée que la nôtre du détail de la doctrine, on ne peut commettre cette erreur sans une intention délibérément malhonnête, pernicieuse et intéressée de gauchir.

Pour saisir les possibilités d'un tuilage entre l'épicurisme premier, définissant la doctrine des observateurs fidèles et scrupuleux de l'enseignement d'Épicure, et l'épicurisme second, qui caractérise les hommes et les femmes qui, librement, se réclament de l'esprit du philosophe au Jardin, de quelques-unes de ses thèses, arbitrairement interprétées, il convient de reprendre ce qui, dans le propos du père fondateur, permet l'évolution, le passage de ce que j'appelle l'épicurisme ascétique des épigones à l'épicurisme hédoniste des inventeurs de la réputation au pourceau.

Épicure n'interdit pas le plaisir en soi, dans l'absolu, dans son essence. Aucun texte de lui, aucune phrase, aucune maxime, aucune lettre, aucun mot authentique, ne permet de conclure au caractère *intrinsèquement* néfaste du plaisir positif dans sa vision du monde. S'il peut être dit mauvais, c'est de manière secondaire, induite et conséquente : dans la mesure où il se paie de déplaisirs, de douleurs, de souffrances, de peines qui entravent la quiétude et compromettent l'autonomie du sage. A défaut, Épicure ne lance aucun anathème, aucune condamnation à la manière d'un Jupiter tonnant et foudroyant. Le plaisir sexuel mérite le discrédit *conséquemment* et uniquement s'il se paie d'un prix trop élevé, à savoir un dommage pour la pérennité de l'ataraxie, de l'absence de troubles. Loin de la haine absolue des tenants de l'idéal ascétique et de la continence généralisée, l'invite épicurienne vise exclusivement l'économie du déplaisir.

Mieux, Épicure va jusqu'à affirmer que si l'on dispose réellement de la certitude de ne pas payer son plaisir sexuel d'un prix exorbitant en négatif, alors on peut sans risque consentir au désir de volupté qui nous habite et se livrer aux exercices libidinaux. Sûr de ne pas en souffrir, on ne renoncera pas aux satisfactions sexuelles — ni bonnes ni mauvaises en soi. S'expliquant même sur la question de la débauche dans l'une de ses *Maximes capitales* (142.X), il confirme que si elle dissipe les craintes de l'esprit, permet la connaissance de soi et de ses limites, n'entame pas la quiétude et la sérénité du sage, alors on peut y consentir sans aucune forme de réticence ou de complexe. Même si *personnellement* Épicure doute que la débauche puisse se pratiquer sans troubles pour le sage, il ne l'interdit pas *théoriquement* à qui saurait et pourrait la pratiquer en évitant d'exposer et de risquer son ataraxie. Peut-on mieux dire ?

Même si le patron du Jardin pense peu probable la diététique des plaisirs par l'excès sans risque — il croit toujours personnellement au paiement trop élevé de l'amour —, il ne défend pas à d'éventuels épigones au tempérament plus impérieux — ou plus détachés, plus cyniques ? — de penser autrement : seules importent la réalisation et la conservation de son indépendance d'esprit, de son autonomie radicale. Si l'abandon au plaisir sexuel ne trouble aucunement la paix de l'âme, alors pourquoi pas ? Dans ses propres termes, Épicure théorise cette singulière ouverture ontologique, cette hypothétique possibilité pour un épicurisme hédoniste de prendre racine au cœur même de l'épicurisme ascétique.

L'idéal consiste à conserver son indépendance en toute situation. Non pas vivre absolument et toujours de peu, mais pouvoir, si nous le devons, ne pas souffrir du manque et de la pénurie. Par ailleurs l'interdiction d'un festin, d'un dîner fin, de vins millésimés, de partenaires sexuels, et d'autres occasions voluptueuses, ne valent pas par principe, mais relativement au projet de maintenir en l'état la quiétude obtenue par un travail antérieur. L'ascétisme vise l'évitement de la douleur, mais ce qui importe dans cette proposition éthique est moins l'ascétisme comme méthode et moyen, que la sérénité, l'absence de souffrance comme objectif et fin. Si la conjuration du négatif peut s'obtenir par une autre voie, alors ouvrons cette autre brèche. Les fins de l'épicurisme visent la disparition des désirs qui torturent, des manques qui travaillent, des besoins qui fouaillent.

Ainsi, se trouver devant une table somptueuse n'oblige pas l'épicurien disciple du Maître à prendre les jambes à son cou, rien ne le force à fuir ou à disparaître dans une case monacale pour expier sa tentation. De même, en présence d'une autre occasion de plaisir, libidinale par exemple. Le sage doit seulement savoir user de cette possibilité comme d'un bien, en homme libre. Sa force et sa puissance consistent à prendre, mais à ne pas être pris, à jouir, mais à ne pas tomber dans l'esclavage de la volupté obtenue. Avoir, mais continuer à être, sans succomber à la tyrannie d'un vouloir qui lui échappe.

Le petit pot de fromage et le morceau de pain demeurent, certes, mais la doctrine ainsi élargie et comprise n'interdit pas les tétines et vulves de truie farcies arrosées de Falerne, ici et maintenant, parce que l'occasion se présente, si le trouble ne survient pas, si l'ataraxie ne s'en trouve pas fissurée, compromise — et si l'on n'initie pas ainsi un mouvement perpétuel exigeant sans cesse l'inévitable réitération du désir impossible à satisfaire, donc de la souffrance. Épicure sait la voie ascétique plus simple, plus efficace, plus sûre, parce que moins dangereuse et moins risquée. Avec elle, on ne tente pas le diable, on n'évolue pas sur le fil du rasoir, on ne joue pas une sérénité difficilement acquise, on n'expose pas un bien si précieusement obtenu.

Toutefois, être épicurien ne signifie pas être Épicure, vivre comme lui, pratiquer de façon mimétique. La physiologie fragile du créateur du Jardin l'oblige, voire le contraint, à l'option ascétique, mais ses disciples, moins trahis par leurs corps, inclinent très tôt la doctrine sur une pente plus hédoniste. Ainsi, du vivant même d'Épicure, Métrodore de Lampsaque, l'ami et le disciple le plus fidèle, affirme sans ambages la possibilité d'être épicurien de stricte observance tout en buvant du vin — un cordial qu'il inclut dans les désirs naturels et nécessaires! — et en mangeant avec plaisir, sans dommage pour le ventre ni la vertu. Pour penser la question du passage de l'épicurisme ascétique du Maître à l'épicurisme hédoniste des disciples, je regrette la perte du livre qu'il avait intitulé *De la maladie d'Épicure*. Nul doute que ce précieux ouvrage aurait permis d'appréhender l'austérité de l'épicurisme du Maître comme symptôme conjoncturel et non structurel de l'autobiographie d'un corps déserté par l'énergie.

Dans le même esprit vitaliste que Métrodore, Philodème de Gadara, l'inventeur actif de l'épicurisme romain, consacre de façon très déliée de courts textes versifiés à enseigner les voluptés érotiques et les plaisirs de la chair joyeuse. Dans une quinzaine de ses épigrammes, il célèbre une quantité incroyable de femmes aux noms virevoltants comme autant de promesses de bonheur, vante les feux furieux d'Éros, confesse un talent achevé pour l'amour, la fête et le plaisir, avoue l'intensité des moments dans lesquels il joue son sort sur un coup de dés, versifie sur l'incandescence, le désir bouillonnant et la raison perdue, puis montre avec un art consommé du détachement une grande familiarité avec les prostituées et les femmes légères.

Résumons : le plaisir sensuel et corporel ne saurait être mauvais en soi, mais seulement s'il se paie d'un péril pour l'ataraxie ; ce même plaisir peut être bon s'il autorise l'évitement d'une douleur, celle du désir qui cherche satisfaction sans dommage philosophique. Il n'en faut pas plus pour que les amateurs de continence et de renoncement repèrent une brèche dans laquelle s'engouffrent un certain nombre d'épicuriens plus tardifs moins soucieux de fidélité orthodoxe au maître que de fondation d'une nouvelle morale, celle qu'appelle Rome au dernier siècle avant le Christ. De l'ascétisme méthodologique à l'hédonisme pragmatique s'effectue un glissement qui conduit d'Épicure à Horace, de Métrodore à Ovide, de Philodème de Gadara à Tibulle — des philosophes aux poètes. Le Jardin donne naissance au groupe de Messala — et vraisemblablement aux pourceaux.

Les élégiaques ne rougissent pas d'avancer en compagnie du cochon. Qu'on se souvienne de la quatrième *Épître* du livre premier, ce célèbre envoi d'Horace à Tibulle qui revendique, ironique et sans complexe, joyeuse et insouciante, la compagnie de l'animal symbolique. Car le porc, mammifère dévolu exclusivement à la Terre, propose un antidote à la vision platonicienne du monde. Or la théorie de la naissance des animaux dans *Le Timée* laisse entr'apercevoir pour quelles raisons

Logique du plaisir 149

un épicurien peut devenir un pourceau dans les années qui correspondent à l'élargissement de l'épicurisme, à son imprégnation des couches plus modestes, moins élitistes et moins intellectuelles de la société. Quand la philosophie devient populaire, produit des effets dans le réel, elle se simplifie, abandonne sa complexité, sa finesse, au profit d'une évidente rusticité. Loin de la lettre, l'esprit souffle où il peut...

Dans son grand poème philosophique des origines, sa Genèse, Platon soutient l'hypothèse de la métempsycose et de la métensomatose. Les animaux procèdent d'une incarnation en relation avec la vie antérieure d'un homme. Les oiseaux, par exemple, recyclent l'âme d'individus dépourvus de malice, intellectuellement légers, curieux des choses d'en haut, certes, mais naïfs au point d'imaginer que seule la vue permet d'accéder aux vérités et réalités célestes. Les bêtes naissent de la négligence fautive des hommes pour la philosophie, les choses essentielles et le monde des idées. Têtes de piafs ou de linottes, cervelles d'oiseaux, serins et étourneaux, intelligences (de) volatiles, ceux des humains devenus passereaux, ou échassiers, coureurs ou gallinacés, trahissent dans leur allure visible et constatable une évidente inconsistance spirituelle antérieure.

Ceux qui, dans une vie avant la mort, délaissent l'usage de leur cerveau, de leur esprit, de leur âme pour user exclusivement de leur corps, de leur chair, de leur matière, ceux-là se métamorphosent en animaux dont la tête tombe vers le sol, se rapproche vers la terre, attirée par leur ancien élément de prédilection. La lourdeur, la pesanteur obligent le corps à reposer sur la glèbe. Le crâne s'allonge, relativement aux concessions plus ou moins nombreuses faites jadis, avant le trépas, à l'horizontalité au détriment de la verticalité.

Vertu, donc, des girafes et vice des serpents... Le nombre de pieds se décide par volonté divine, et permet de repérer les animaux plus ou moins sensés : les plus sots, les plus lourds, les plus longs, nécessitent un plus grand nombre de supports, donc de jambes. Deux pour les hommes, quatre pour les porcs, mille pour qui nous savons, aucune pour les reptiles, les poissons, les huîtres — dont j'imagine la vie antérieure.

Le pourceau, épicurien ou non, voilà donc un animal au long crâne, à quatre pattes, au ventre près du sol et dont la forme singulière trahit la qualité métaphysique déplorable. Quels traits caractéristiques se révèlent dans la bête incriminée ? Une tête toujours dirigée vers le sol, un groin fouillant toujours la terre, un regard toujours braqué vers l'humus, une incapacité anatomique à envisager l'azur, le ciel, la géographie naturelle des Idées et des Concepts. Le nez dans la poussière, il avoue physiologiquement une impossibilité structurelle à l'œuvre philosophique. Incapable d'étoiles et de verticalité, interdit de transcendance et de mouvement vers la divinité, il incarne, étymologiquement, l'animal matérialiste, indifférent à l'endroit des dieux, avant qu'apparaisse dans le paysage intellectuel et philosophique la figure de l'athée intégral qu'il caractérise à merveille.

Entièrement requis par ses atomes et ses combinaisons de particules, le pourceau ignore toute sa vie le monde réel au profit d'un univers fruste et vulgaire, grossier et matériel. Quelle faute majeure a-t-il commise ? Quel péché cardinal doit-il confesser à un émule de Platon, à un descendant du philosophe des Idées pures, voire à un chrétien comme Grégoire de Nysse ? Avoir eu le souci du seul réel sensible, négliger les dieux, les divinités, les démiurges, outrager ainsi Dieu lui-même. Pour un pourceau épicurien, le ciel est

Logique du plaisir

vide, désespérément vide. Si dieux il y a, ils occupent des inter-mondes, le lieu atopique par excellence, évoluent dans un temps uchronique, puis hantent un espace utopique, des formes informes, des contradictions dans les termes.

Fi donc du Jardin d'Épicure à Athènes ou des écoles créées de son vivant en Asie Mineure, à Lampsaque et Mytilène, en Égypte ou en Italie, comme à Naples. L'orthodoxie règne et avec elle le respect scrupuleux de la doctrine du maître, enseignée religieusement, vénérée, commentée à la façon de l'exégèse dans une secte, une Église : avec une componction desséchante, une inhibition sclérosante. La dynamique devenue impossible dans les écoles officielles, les centres et les cénacles, le détail de l'enseignement épicurien se ressasse, se répète, se déclame sur le modèle des derviches tourneurs. Puis, cette énergie décline, meurt épuisée, exsangue, du moins dans les groupes où se conserve et s'exploite la parole officielle.

Car la vie de l'épicurisme déborde la cellule entropique sectaire pour essaimer et produire des effets dans la réalité romaine — où je veux voir la naissance d'un épicurisme hédoniste appelé à renouveler, reformuler, réactiver, voire remplacer le vieil épicurisme ascétique. Les philosophes spécialistes disparaissent, après le long travail d'exploitation d'émules parasites, puis laissent place aux véritables acteurs de la philosophie : les individus réels et vivants, infusés de pensée plus que doctrinaires, poètes et artistes, écrivains et dramaturges, comédiens et artisans, puis hommes et femmes du commun enfin touchés par les effets d'une parole lancée très en amont. Après qu'Épicure s'est tu, et avec lui Métrodore, Polyainos, Pythoclès, Eudoxe de Cyzique, Hermarque de Mytilène, Idoménée de Lampsaque, Colotès, Polystrate et d'autres dont le nom seul nous est connu, les élégiaques, Catulle, Tibulle, Properce, puis Horace et Ovide, ces deux grandes figures honteusement négligées par la philosophie, proposent de manière ouverte une éthique incontestablement issue de l'entropie épicurienne et de la fermeture doctrinale. Avec un réel contentement de lecteur, je trouve chez eux les pierres angulaires du libertinage solaire auquel j'aspire.

Dans les dernières heures du temps païen, Horace formule un célèbre *Carpe diem* appelé à un formidable écho dans les siècles qui le suivent. Or, l'auteur des *Satires* connaît bien l'épicurisme. Son cicérone ? Philodème de Gadara, l'homme de la villa aux porcelets votifs, auteur de livres sur la musique, la poésie, trousseur d'épigrammes légères, mais également signataire d'un traité sur la mort qui met en perspective intime et conséquente le tragique de l'entropie, des effets du temps, et la nécessité d'une existence dense, remplie, luxurieuse et chatoyante. L'épicurisme horacien laisse derrière lui la rigidité doctrinale du maître, puis propose, versifiée, une éthique du souci de soi et de l'*otium* — le loisir — qui rend possible la fondation d'un libertinage solaire.

L'essentiel du message délivré par le poète latin réside dans la célébration de l'autonomie, au sens étymologique : l'art d'être à soi-même sa propre norme, de décider et de vouloir son existence, d'être le moins possible soumis aux caprices des autres, de fabriquer souverainement le détail de sa vie, d'élaborer librement son emploi du temps sans rendre de comptes à personne. De même pour la question du rapport avec autrui, indépendamment du mode — amical, amoureux ou neutre. Averti des douleurs de l'amour et de la nécessité d'un évitement de la peine, Horace affirme la possibilité, le devoir même, de résoudre le désir dans la seule affirmation d'un plaisir en aucun cas payé de déplaisir. Parfum d'Épicure et de Lucrèce...

Logique du plaisir

D'où une esthétique de l'élargissement du temps présent qui structure toute éthique hédoniste depuis son origine historique libyenne. Ravi, je constate d'ailleurs que dans son œuvre complète, des milliers de vers, Horace cite huit fois Aristippe de Cyrène et une seule Épicure. En fait, la morale horacienne eudémoniste tient tout autant de l'épicurisme élargi que de l'école cyrénaïque, du moins sur cette question essentielle de la définition et de l'usage du présent. L'option ontologique du poète consiste à ne pas troubler l'instant par d'inutiles considérations nostalgiques sur le passé ou prédictives sur le futur. Le moment dans lequel chacun vit définit la seule dimension réelle et visible — matérialiste — du temps. Hier et demain ne constituent que des fictions, des chimères. On évitera leur interférence avec la vérité de l'ici et du maintenant.

Le libertinage inscrit son œuvre dans le cadre de la pure immédiateté, sans souci du passé ou du futur, tout entier préoccupé de rendre le présent dense et magnifique, jubilatoire et joyeux. A chaque instant font suite d'autres instants : la durée se construit avec ces moments juxtaposés qui finissent par faire émerger une cohérence, un sens, une direction. Inutile de souffrir de ses erreurs passées, de ressasser les peines de jadis ou les souffrances de naguère, d'entretenir la douleur du temps perdu qui jamais ne revient ; inutile, tout autant, de craindre l'avenir, de trembler devant le vide du futur, de paniquer face au néant des jours annoncés — encore moins de s'angoisser à l'idée d'une éternité peuplée d'enfer ou de damnation. Seul le présent existe.

Carpe diem, quam minimum credula postero : « Cueille le jour, sans te fier le moins du monde au lendemain », enseigne la onzième *Ode* du premier livre. Le conseil vaut aussi en amour. Nul besoin de parasiter le moment présent de considérations oiseuses sur les regrets et les devoirs en matière d'action, les causes ou les conséquences d'un geste, d'un mot, d'un propos, les suites à donner nécessairement à l'histoire momentanée : que triomphent la pure volupté de l'instant, l'unique réalité du présent. Pas de plans sur la comète, de bile noire remontant dans la gorge : réalisons une adhésion franche à l'immédiateté. Horace enseigne à aimer la vie, à lui trouver des vertus et des valeurs dans sa seule dimension d'apparition à la conscience subjective et vivante.

Son temps coïncide avec celui de la nature, du cosmos, des saisons, il suppose une théorie de la présence au monde radicalement opposée à l'idéologie de la projection qui anime les morales du salut, les sotériologies religieuses et les discours indexés sur le Jugement dernier ou les prophéties des temps annoncés. Pas de paradis, de purgatoire ou d'enfer, pas de trompettes angéliques ou de pesée des âmes, pas de mesure morale future pour des gestes, mots ou intentions passés, pas de punition promise ou risquée, de faute à expier demain, après-demain, pas de tribunal, de juges ou de justiciables, pas de comptes tenus, pas de mémoire punitive, pas de castration : seulement des durées magnifiques — le salut horacien —, ou catastrophiques — le péché mortel des hédonistes. Rien d'autre que l'art d'habiter le temps ponctuel.

Le plaisir réside moins dans un objet hypothétique, impossible à atteindre, toujours frustrant, que dans la dimension radicalement réelle, visible et épanouissante du monde. Le libertinage invite à découvrir la pure jouissance d'exister, d'être au monde, de vivre, de se sentir énergie en mouvement, force dynamique. Y compris sur le terrain amoureux, sensuel ou sexuel. Élargir son être aux dimensions du monde, consentir aux voluptés des vitalités qui nous traversent en permanence, voilà l'art de sculpter le temps, de s'en faire une puissance complice. Que le plus souvent possible on mette à distance la négativité toujours en quête d'objet.

Autour de cet *axis mundi* épistémologique, l'épicurisme hédoniste d'Horace génère des conséquences théoriques : une métaphysique de la désillusion : ne pas consentir aux mots d'ordre collectifs et généraux qui structurent la religion sociale ; une éthique du consentement à la nécessité : ne pas se rebeller contre ce sur quoi nous sommes sans prise et sans pouvoir intellectuel, vouloir ce qui relève de l'impitoyable nécessité ; une exacerbation du souci de soi : ne pas négliger le capital existentiel de chaque moment d'une existence singulière, célébrer toutes les occasions de jouir du monde ; une diététique des désirs : ne pas entretenir ce qui, en nous, entrave et incommode notre liberté, viser l'expansion et la dépense joyeuse ; une arithmétique des plaisirs : ne pas refuser la satisfaction de ses envies, sauf quand elle coûte trop en sérénité et met en péril l'autonomie.

Et en matière de sexualité ? mêmes principes : ne rien s'interdire, sauf ce qui contrevient à la paix de l'âme construite avec patience et longues habitudes. Garçons et filles, jeunes ou moins, beautés ou pas, sagaces ou non, uniques ou multiples, successifs ou contemporains, juxtaposés ou simultanés, pourvu que se pratique un *Éros léger*, « accessible et facile », dit Horace — point focal de tout libertinage depuis son origine jusqu'à nos jours. La légèreté triomphe en vertu cardinale, en principe constructeur du vouloir libertin : ne rien infliger et ne rien supporter de pesant, fuir tout autant la lourdeur imposée que la pesanteur subie. Vouloir la vivacité, la subtilité, la délicatesse, l'élégance et la grâce en (s')interdisant radicalement la moindre once de poids dans la relation sexuée et sexuelle, amoureuse et sensuelle. Une histoire devient libertine quand elle épargne absolument, et dans le moindre détail, la liberté de l'un et de l'autre, son autonomie, son pouvoir d'aller et de venir à sa guise, d'user de sa puissance nomade.

Est lourd ce qui fixe, immobilise et sédentarise. Ce qui demande des comptes, exige droit de regard, soumet à la pression d'un vouloir tiers. Ce qui donne aux pulsions de mort un pouvoir exorbitant dans l'intersubjectivité. Ce qui s'immisce, s'insinue entre les deux et installe en force interstitielle un ferment de décomposition, une puissance abrasive et corrosive. Ce qui plombe les ailes d'Éros et entend jeter au sol le capital aérien et premier de toute histoire amoureuse. Ce qui fait surgir des demandes d'explication, des propositions de justification, des invites de promesses, des fantasmagories régressives et infantiles dans le moment même du présent pur. Ce qui laisse les pleins pouvoirs à la haine de soi. Ce qui hypothèque l'avenir et veut la clôture. Ce qui veut l'éternité quand doit triompher l'instant. Ce qui s'installe.

A défaut, le corps léger, l'Éros délié, le vitalisme quintessencié, la sexualité déculpabilisée, la chair joyeuse, soulignent la dimension éminemment ludique de tout libertinage. Là où l'idéal ascétique inflige la faute, la culpabilité, la douleur, la damnation, la crainte et l'angoisse, l'idéal hédoniste promeut les vertus du jeu : la volupté du hasard désiré, la joie du conflit sublimé, le plaisir du théâtre joué, la sensualité du vertige assumé. L'érotique solaire s'appuie sur une formidable volonté de jouissance dont le principe axiomatique suppose un grand oui à l'existence, un double et mutuel consentement immédiat aux forces qui nous travaillent et menacent débordement.

La théorie de l'autonomie intégrale, la célébration de l'instant quintessencié, la promotion d'un

Logique du plaisir

Éros léger, la réalisation d'une éthique ludique fournissent les quatre points d'assise du libertinage : rester libre, habiter le présent, refuser la pesanteur, pratiquer le jeu. Sous toutes les latitudes, le portrait du libertin suppose le nomadisme, l'instantanéité, la grâce et la chance, aux antipodes des vices de l'immobilité : sédentarité, durée, lourdeur et prudence. L'excès contre l'économie, la dépense contre la pusillanimité, le corps contre l'âme, la vie contre la mort, la joie contre la tristesse, la sensualité contre la chasteté, le célibat contre le mariage, le contrat contre l'instinct, l'affirmation contre la négation. De l'Antiquité la plus haute aux modernités les plus récentes, le libertinage active ces catégories de l'entendement, avec toutefois des différences notables et des spécificités en relation avec l'histoire, le moment, l'heure dans laquelle il se formule.

Ainsi avec Ovide dont *L'Art d'aimer* propose magistralement la quintessence du traité de libertinage. Tout dans cet ouvrage mérite aujourd'hui lecture, relecture et méditation attentives. Y compris ce qui appelle dépassement, ajustement ou formulation adaptée au troisième millénaire. Car dans sa zone d'ombre le libertin épouse parfois son siècle, pour le meilleur et pour le pire : esclavagiste dans l'Antiquité, féodal au Moyen Age, hobereau dans les temps de l'Ancien Régime, bourgeois pendant la révolution industrielle, consumériste en période post-moderne, le libertinage subit toujours les contradictions et la négativité de son époque porteuse. Personne n'échappe complètement aux vices de son temps.

Ovide propose un art, à savoir une technique, un savoir-faire, une théorie qui vise la pratique et suppose le passage à l'acte libertin. Dans l'esprit d'Épicure, Lucrèce — « le sublime Lucrèce », écrit-il dans *Les Amours* — et Horace, il décrit de l'intérieur les souffrances de l'amour, les douleurs de la passion. Les insomnies, les jours interminables, les nuits peuplées de songes pénibles, les jalousies permanentes, les tortures perpétuelles, l'esclavagisme intégralement réalisé, la disparition des repères habituels, la dilution de soi, l'hystérisation du réel, l'hétéronomie triomphante : il semble avoir connu et assez expérimenté pour proposer les moyens d'en finir avec les pulsions de mort qui travaillent habituellement la question des rapports amoureux. D'où sa proposition d'une méthode inoxydable pour réaliser l'Éros léger.

Le précepte qui anime *L'Art d'aimer* brille en toute simplicité : céder occasionne moins de souffrances que résister. Donc, Épicure ne serait pas contre, cédons — autre maxime cardinale du libertin. Dans cette affaire, les sentiments ne sont ni utiles ni nécessaires, encore moins indispensables. Il suffit d'aimer ou de se laisser aimer. Ovide propose une dissociation radicale de l'amour, de la sexualité, de la procréation, de la tendresse, du mariage, de la fidélité. Chacune de ces instances fonctionne de manière autonome et selon son ordre propre. Aimer ne suppose pas avoir des relations sexuelles, et vice versa; avoir des enfants n'oblige pas à l'amour, ni même, aujourd'hui, à la sexualité, encore moins au mariage; être marié ne force pas à la fidélité, ni l'inverse; la tendresse peut s'épanouir en dehors de la fidélité ou du mariage ou de la sexualité, voire sans eux; les relations de corps se peuvent pratiquer sans tendresse, mais avec elle aussi. Depuis toujours, les tenants de l'idéal ascétique veulent culturellement une confusion de tous ces registres, ils déplorent le mouvement naturel de séparation qui autonomise imperturbablement le fonctionnement de ces catégories de toujours. Le défenseur de l'épicurisme hédoniste propose une atomisation de ces mondes. Le libertinage se fonde sur la culture et la célébration de cet éclatement ontologique.

Après cette dissociation idéologique, Ovide laisse entendre que la liberté ouvre un champ magnifique dans lequel ne se rencontrent plus que des volontés libres, dépouillées des fonctions générées par leurs sacrifices aux idéaux communautaires. Fi des épouses, des mères, des maîtresses, des compagnes, fi des maris, des époux, des pères, des amants, des conjoints : seuls existent des hommes et des femmes, dans la nudité et l'autonomie de leur pure subjectivité corporelle et libidinale. Plus de machines sociales ou morales, mais des machines désirantes. Plus de représentations familiales et sociologiques, mais des présences solitaires et célibataires. Qu'adviennent les nuits blanches, les aurores fatiguées, les épuisements musculaires et les corps fourbus.

Après la dissociation idéologique, Ovide propose une démystification intégrale du discours amoureux et de la pratique généralement associée. Loin de donner crédit aux fables racontées habituellement pour fixer le désir et entraver ses trajets nomades, *L'Art d'aimer* offre des certitudes obtenues au scalpel après tranchage dans les chairs à vif. L'idéologie castratrice fabrique des mythes et de la littérature pour justifier l'association des histoires d'amour, des relations sexuelles, de la fidélité monogamique et de la nécessaire procréation. De l'androgyne platonicien à la sphère métaphorique en passant par la famille élue cellule de base de l'organisme social ou le péché originel définitivement sexué, tout vise une cristallisation du désir dans des plaisirs codifiés qui n'en ont plus que le nom.

En émule de Démocrite et de Diogène, le poète congédie les fables, puis refuse d'entretenir les histoires racontées aux enfants à l'aide desquelles on fait miroiter des lendemains qui chantent dans le bonheur familial où le mariage permet à deux êtres touchés par la grâce de connaître le bonheur et d'avoir beaucoup d'enfants. Pas de pastorales dans lesquelles les bergères épousent des rois au son de la flûte de Pan, coiffées de pampres, vêtues de gros drap, alors que l'homme attendu porte au doigt les bagues symbolisant sa puissance et sa richesse, puis surgit au milieu des moutons pour emporter la belle dans une histoire de rêve. Les contes de fées, les histoires régressives, les fictions édifiantes se trouvent aux antipodes du propos d'Ovide. Loin de lui l'idée d'entretenir des fantasmes douloureux, des billevesées utiles au social, mais toujours dommageables aux individus et nuisibles aux âmes.

De sorte qu'il écrit l'histoire des mobiles amoureux et des raisons d'aimer en chirurgien cynique et cruel dont l'objectif vise la guérison et la santé de ses lecteurs. Dans une histoire amoureuse, rien ne fonctionne en rapport avec l'excellence et la qualité intrinsèque des individus en question. Heureusement que vertus, caractère exceptionnel, singularité vraiment unique, tempérament rare, beauté radieuse ou intelligence supérieure comptent pour rien, sinon, la plupart croupiraient dans un célibat forcé, victimes de leurs natures véritables. Les hommes et les femmes, quand ils disent aimer, aiment d'abord l'état dans lequel l'amour les met. L'être qui sert de catalyseur vaut comme cause occasionnelle et accessoire de la cristallisation, non comme cause efficiente. Avant tout, aimer, c'est aimer l'amour, désirer, c'est désirer le désir pour les extases induites, les transes connues, les troubles expérimentés.

Pas d'amour, donc, en dehors du désir de plaisir. Pas de chasteté ou de vertu, non plus, mais un manque d'opportunité pour la concupiscence ou le vice. Une chasteté véritable concerne l'âme autant que le corps. Et qui peut certifier son âme ignorante du désir libre ou innocente des aspirations aux plaisirs multipliés ? La forme même du désir interdit toute chasteté. La libido marque son empire, la nature commande, l'individu obéit. Chasteté et vertu procèdent de vues de l'esprit destinées à demeurer vœux pieux et principes orienteurs dans le cerveau des tortionnaires du corps. Redoutable et lucide à l'extrême, Ovide écrit : « La femme vertueuse est celle qui n'a reçu aucune proposition. » Qu'on n'imagine pas même à quoi ressemble un homme vertueux — sinon à un parangon d'oxymore promu cas d'école en rhétorique...

Pour fonder philosophiquement le libertinage, amour, chasteté et vertu passent donc à la trappe. Et avec eux ? La vérité. La notion même de vérité. Pas de Vrai en soi, de Beau ou de Bien en soi, mais l'avènement du perspectivisme conceptuel. *L'Art d'aimer* dirige sa machine de guerre contre le platonisme et les constructions idéologiques appuyées sur des fictions intelligibles. Ennemis de Platon, Calliclès et Protagoras, déjà, optent pour l'homme mesure de toute chose. Ovide s'inscrit dans cette logique nominaliste : le vrai disparaît de sa vision du monde devant ce qui réussit — l'efficacité du résultat tangible. Les mots servent moins la vérité que l'utilité voulue d'une stratégie soutenue par une tactique.

D'où un épicurisme hédoniste identifié à un pragmatisme absolu. Ovide n'entend pas disserter sur la vérité pour définir le mensonge, le condamner ou le défendre dans la perspective absolue d'une relation à l'Idée de Vérité. En revanche, il soumet l'usage de la dissimulation à l'objectif hédoniste. Puisque la fidélité ne peut fondamentalement se pratiquer, hommes et femmes confondus, on n'interdit pas l'infidélité, on ne la fustige pas, on ne la juge pas : on la tait, on évite de la dire ou de la montrer. Mensonge par omission. Tactique du silence et de la dissimulation pour une stratégie des voluptés réalisées, de part et d'autre : l'éthique libertine aspire à un sévère évitement des déplaisirs tout autant qu'à une impérieuse réalisation des plaisirs.

Dissociatif, démystificateur, perspectiviste et pragmatique, le libertinage dont je cherche les formes augurales chez Ovide trouve également une formule essentielle dans l'égalitarisme : antidote à la misogynie judéo-chrétienne, il propose un féminisme débarrassé de ses scories inégalitaires. Ni violence phallocrate, ni hystérie de suffragette, ni patriarcat, ni matriarcat, mais refus du pouvoir de l'un sur l'autre, de la domination d'un genre sur l'autre, ni viol hétérosexuel coutumier, ni autisme homosexuel de repli lesbien : le libertinage solaire comprend essentiellement et fondamentalement l'homme et la femme sur le même méridien et la même planète ontologique. Ce qui vaut pour l'un des sexes vaut pour l'autre, sans aucune exception, sans aucune entorse.

De sorte que se trouvent congédiées et conjurées les modalités esclavagistes, féodales et bourgeoises du libertinage. Toutes les formules inégalitaires de relations non consenties définissent l'érotisme nocturne dont j'abhorre les principes : domination et servitude, lutte des consciences de soi opposées, règne de la guerre généralisée, partition de l'univers en maîtres et en esclaves, en seigneurs et valets. Le propre du solaire dans l'érotique que je propose ? Disperser les nuits installées par des siècles de civilisations doloristes entre les êtres sexués, dissiper les obscurités, les zones d'ombre, chasser le pouvoir aux accents préhistoriques, puis instaurer l'ordre libertaire entre les corps et les âmes, les existences et les destins.

L'ouvrage d'Ovide propose une pratique libertaire et égalitaire de la séduction. Là où, habituellement, l'étymologie témoigne, séduire suppose écarter d'un chemin, déplacer, installer dans une voie imprévue, décalée, mener ailleurs, à part, à l'écart, la nouvelle définition ovidienne de ce vieux concept suppose un cheminement à deux, en commun, mais dans la clarté. La direction prise par le séducteur suppose une proposition que l'autre peut accepter ou refuser, sinon discuter, examiner. Séduire pour dominer, asseoir un pouvoir, n'entre pas dans le propos du poète — ni dans le mien. Dans sa construction, le traité amoureux comporte une première partie de conseils aux hommes pour séduire, aimer et garder les femmes ; une seconde de conseils aux femmes pour séduire, aimer et garder les hommes...

La séduction renvoie à une éthique de la confiance en son désir. Pour conjurer la dépréciation et la haine de soi, le travail négateur du ressentiment, et toutes les forces qui sapent une identité ou lui interdisent son épanouissement, la volonté de plaisir doit dépasser la culpabilité et viser au-delà du fantasme de castration. Toujours cynique et lucide — sur les principes de Diogène —, Ovide affirme à destination des hommes que toutes les femmes peuvent succomber, qu'aucune n'est citadelle imprenable, qu'il paraît difficile, pour une épouse, de persister indéfiniment dans la fidélité à son mari. Aux femmes, il sait devoir tenir un autre discours : elles exigent plus de leurs partenaires que les hommes, malheureusement plus nécessiteux...

Après l'art de conquérir, le traité hédoniste invite à déplacer les talents de l'impétrant sur l'art de la conservation. Ovide construit de toutes pièces une éthique de la douceur, essentielle dans la définition du libertinage solaire. Contre la brutalité féodale et la violence bourgeoise, la logique de l'Éros léger formule une morale du souci de l'autre. D'où la promotion de vertus constructives dans l'économie de cette éthique voluptueuse : prévenance, tendresse, douceur, patience et dévouement, tout autant à l'endroit de l'âme que du corps de l'autre. Ovide propose une érotique qui, à la manière de ses semblables, chinoise, japonaise, persane, népalaise ou indienne, manifeste une profonde égalité de traitement des deux sexes. La complémentarité mène le bal, et non l'irréductible opposition.

De sorte que *L'Art d'aimer,* sans en donner le détail à la manière du *Kama-Sutra* des Indiens, invite aux jeux amoureux, à la variation des postures et à tout ce qui permet aux partenaires de se soumettre leurs corps et non d'y être soumis. Les traités érotiques classiques dissertent toujours d'abord sur l'anatomie, la connaissance de la physiologie de l'autre, les modalités de fonctionnement des mécanismes physiques. La géographie avant l'histoire. Ainsi se dessine le portrait anatomique, donc psychologique, de l'autre dont il s'agit de dévoiler le corps enveloppé d'âme, tout autant que l'inverse. Pas d'Éros sans une physiologie de l'amour, pas de poétique des sentiments sans une théorie des possibilités du corps.

Différer le plaisir, le solliciter, l'attendre, le vouloir au moment choisi, ni trop tôt, ni trop tard, ni avant l'heure, ni après, suppose connaître des techniques de caresses, de baisers, de respiration, de stimulations, de préludes, d'agencements, des audaces de mots et de gestes, toute une pathétique de la maîtrise du temps sexuel et de la durée sensuelle. Ovide incite à écouter et découvrir les zones du corps de l'autre avant de s'y adresser pour incarner la douceur, incorporer la tendresse. La chair païenne vaut par elle-même, elle ne supporte aucun autre discours que celui de la volupté célébrée. L'immanence nue régit son fonctionnement, la transcendance soutient les seuls régimes ascétiques.

Logique du plaisir

L'égalitarisme professé par Ovide se manifeste jusque dans les aboutissements et conclusions de l'acte sexuel. Là encore, le plaisir de l'un ne doit pas se payer du déplaisir de l'autre. D'où l'érotique païenne mise au service d'un double projet d'épuisement du désir dans les transes cathartiques du plaisir. Et l'homme, et la femme, si possible en même temps, doivent expérimenter l'extase, basculer ensemble et dans un instant semblable du côté de la volupté. Pas question de sacrifier la femme à la décharge vulgaire et bestiale de l'homme toujours impérieuse et affleurante : les deux solitudes existentielles formulent paradoxalement un contrepoint sensuel fondateur du contrat libertin.

Certes, tous ne savent, ne veulent, ni ne peuvent un Éros léger. Diogène d'Œnanda, un épicurien tardif du IIe siècle de notre ère, finance une inscription sur un mur (quatre-vingts mètres de long sur quatre mètres de haut et un mètre d'épaisseur) d'un certain nombre de sentences destinées à l'édification spirituelle des passants de la ville. Le monument philosophique, aujourd'hui bien abîmé, porte une phrase lourde de conséquences et d'effets pour qui aspire à un libertinage solaire : « tout vivant n'est pas capable de faire un contrat pour ne pas faire du mal, ni en subir ». Ne pas faire le mal, ne pas le subir non plus, voilà les impératifs catégoriques de l'hédoniste soucieux de ne pas flatter les puissances nocturnes. Une éthique de la douceur ne peut faire l'économie de cette logique de l'élection et du contrat dans l'ordre des agencements.

Troisième partie

THÉORIE DES AGENCEMENTS

Chapitre premier

DE L'INSTINCT

« Es-tu quelqu'un qui de vouloir un enfant *ait le droit*? »

NIETZSCHE, *Ainsi parlait Zarathoustra*

« Quel est l'enfant qui de pleurer ses parents n'aurait motif? »

NIETZSCHE, *Ainsi parlait Zarathoustra*

« Il existe de singulières abeilles humaines qui, dans le calice de toutes choses, ne savent toujours puiser que ce qu'il y a de plus amer et de plus fâcheux ; — et, en effet, toutes choses portent en elles un rien de cet anti-miel. Que ces abeilles humaines pensent donc du bonheur de notre époque tout ce qu'elles voudront, et continuent à bâtir la ruche de leur déplaisir. »

NIETZSCHE, *Humain, trop humain*, II, § 179

VERTUS DE L'ABEILLE GRÉGAIRE

Le corps velu, de la tête aux pattes, les ailes translucides et fragiles, veinées de brun, dessinées à la manière d'une ombre rehaussée de marron foncé, les antennes sans cesse mobiles qui fouillent l'azur et brassent les ténèbres ou les lumières blanches du printemps, l'abdomen annelé, ondulant, frissonnant sous l'empire de voluptueuses contractions, l'abeille subit pour son compte, dans un incroyable aveuglement, les nécessités naturelles qui génèrent des milliards d'existences semblables, toutes indexées sur l'empire de la nécessité. Le même déterminisme organise le cours des planètes, le cristal des minéraux, l'orientation solaire des renoncules, le détail de la vie quotidienne des abeilles — voire celle de la plupart des hommes.

Dans le moindre geste et le moindre mouvement l'abeille obéit. Elle subit l'ordre et la loi, l'agencement de l'univers et les règles du cosmos. Travail acharné, nourriture mesurée, pauvre jouissance des biens, vol à destination des calices, production effrénée de cire, construction infaillible des hexagones pour les rayons, ventilation au degré près, fabrication du miel, gestion des pollens, déglutition du propolis, gardiennage farouche, sagacité dans l'éclairage, le butinage, le portage : tout procède d'une inscription génétique, généalogique, ancestrale et immémoriale dans la matière animée. Les abeilles préhistoriques, celles des ruchers égyptiens, romains ou d'aujourd'hui, à l'heure des génétiques modulables, toutes s'inclinent, obtempèrent, acquiescent et cèdent aux impératifs naturels. L'abeille fournit le modèle de l'obéissance aveugle aux lois de l'univers et de son organisation.

D'où la fascination de la ruche chez nombre de philosophes anciens ou modernes pourvu qu'ils se soucient de politique, d'agencement des rapports humains dans la cité et de subsomption de l'individuel sous le registre du général. Organisation de la communauté, gestion pragmatique du nombre, dilution des singularités dans l'expression synthétique de l'universel, le topos de l'essaim comme architecture des ensembles fournit un modèle récurrent pour la monarchie égyptienne, la démocratie grecque, l'empire romain, les royautés occidentales, les républiques modernes, et les microsociétés familiales de l'origine jusqu'à nos jours. Quelle ligne de force invisible et constante traverse toutes ces figures politiques datées ? Réponse : la totalité se révèle et excelle dans et par la démission des particularités aveuglément soumises à la nécessité holiste.

L'abeille obéit au programme naturel qui la détermine. Elle n'a pas le choix : pour sa naissance royale ou son destin laborieux, pour les modalités de sa mort, violente ou par épuisement, pour la diversité, tour à tour, de ses statuts sociaux dans la ruche, pour les formes chastes ou électives de sa sexualité, elle subit la loi. Lorsqu'elle structure les rayons de l'habitacle en hexagones calibrés ou qu'elle vrombit dans le cœur de la ruche pour réaliser une température constante, quand elle essaime avec des milliers de congénères, dès le bruissement furieux du vol

Théorie des agencements

nuptial d'où sort un vainqueur qui paie son triomphe précaire d'un déchirement du ventre suivi d'un trépas, alors que le meurtre travaille la ruche dans les heures d'assassinat des reines surnuméraires, le programme impose, exige, l'instinct force et requiert.

Pas de liberté, d'autonomie, de libre détermination, de vouloir indépendant, d'intelligence inventive : l'abeille assiste, inconsciente et soumise, au développement de son capital génétique dans le moindre détail de sa courte existence. Chacun de ses faits et gestes procède d'une nécessité naturelle dans laquelle la culture, l'acquisition, l'innovation, comptent pour rien. A la manière des planètes qui dansent dans le cosmos et l'infiniment grand, les abeilles s'animent dans les journées de printemps chaud et donnent à l'infiniment petit ses vibrations, ses mouvements, ses paysages. L'obéissance aux déterminismes naturels découvre toujours à la conscience informée une authentique tragédie.

Le corps, lui aussi, se formule relativement aux inductions génétiques. La reine, aux fonctions sexuelles et reproductives essentielles, dispose d'un cerveau réduit à la nécessité minimale, puis ses organes de reproduction s'hypertrophient, enfin une spermatothèque apparaît; les ouvrières, en revanche, subissent physiologiquement l'atrophie de leurs ovaires et le développement relatif de leur intelligence. L'insecte de sang royal ignore physiologiquement toute son existence les outils dont le corps des travailleuses se trouve pourvu. Si la fonction crée l'organe, ou l'inverse, la ruche en fait la démonstration depuis des millénaires. Dans l'ordre communautaire, le corps s'architecture insidieusement en fonction des besoins sociaux, le système nerveux se dresse relativement aux impératifs collectifs, la pensée suit. L'intelligence inventive trépasse, l'obéissance triomphe. Hommes et bêtes subissent cette évidence.

Faut-il s'étonner que les philosophes thurifé-raires de la communauté et pourfendeurs de l'individualité vouent un culte aux vertus de l'abeille grégaire? Pythagore, Platon, Aristote, Xénophon, mais aussi les Écritures, puis Clément d'Alexandrie et nombre de Pères de l'Église célèbrent les qualités communautaires de l'in-secte, son excellence métaphorique d'animal poli-tique, son ignorance des travers du Moi haïssable. Dans l'ordre des métempsycoses auxquelles les pythagoriciens sacrifient, puis Platon dans la lignée, l'abeille permet la réincarnation d'indivi-dus qui, dans une vie antérieure, pratiquaient la vertu sociale et civique, certes, la justice et la tem-pérance, aussi, mais qui, dans l'exercice moral de leurs qualités, ne réfléchissaient pas vraiment ni ne recouraient à la philosophie.

Exprime-t-on mieux l'antinomie radicale entre la soumission et l'intelligence, l'obéissance à la nécessité et la démarche philosophique, la Loi de Dieu et le geste d'Ève? L'abeille excelle donc dans l'art d'exister de manière tribale, mais elle brille aussi par son esprit critique limité, sa capacité intellectuelle grandement confinée. Toutes les phi-losophies politiques débouchent sur cette évi-dence : on gouverne mieux les individualités qui abdiquent, renoncent ou ne savent ni ne peuvent exercer leur singularité. La ruche montre l'empire intégral de la nécessité naturelle et, conséquem-ment, l'incapacité radicale de toute démarche culturelle.

Les abeilles passent pour messagères de vérités divines et ambassadrices de bonnes nouvelles célestes. Pindare et Denys de Syracuse témoi-gnent, pour avoir été touchés par la grâce d'un essaim porteur d'excellents présages, mais aussi Platon. Perictioné, sa mère, avait laissé le nourris-son dans un buisson de myrtes touffu et épais pour qu'il se repose à l'ombre pendant qu'elle

Théorie des agencements

sacrifiait à une divinité. Tandis que l'enfant promis aux destinées magnifiques dormait à poings fermés, un essaim a posé sur ses lèvres du miel de l'Hymette — d'excellente qualité — tout en l'entourant de son bruissement doux et apaisant. Ainsi se prophétise l'éloquence du philosophe athénien. Car les ailes matérialisent l'âme et associent l'abeille aux mouvements qui conduisent vers le lieu des vérités sacrées. Angéliques à leur mesure, elles véhiculent les promesses de destins singuliers et désignent par signes un seul parmi la multitude.

Dans les vers qu'il leur consacre dans le quatrième et dernier chant des *Géorgiques*, Virgile synthétise l'ensemble des connaissances de l'Antiquité sur les abeilles. Aristote, bien sûr, mais aussi Aristomachus, un philosophe embusqué pour les observer pendant cinquante-huit ans, puis beaucoup d'autres se trouvent enrôlés dans la poétique virgilienne. Les mouches à miel passent pour disposer dans leurs petits corps d'une parcelle d'intelligence divine tant leur organisation semble une preuve de l'existence de Dieu. Ainsi, les vers du poète bucolique, ou ses idées, se retrouvent dans les textes évangéliques ou patrologiques qui décrètent l'abeille modèle éthique, emblème moral.

Travailleuses et méritantes, dévouées et vertueuses, chastes et pures, prolifiques et grégaires, fidèles et disciplinées, infatigables et soumises, j'ajoute viscéralement obéissantes et légèrement demeurées, elles emportent évidemment les suffrages chrétiens. Amateurs de symboliques parfois saugrenues, des théologiens bien inspirés constatent que les abeilles disparaissent dans le cœur de la ruche pendant les trois mois de la saison d'hiver. Durant ces longues semaines, elles deviennent invisibles, bien que vivantes. Trois mois et trois jours : voyons là un indubitable signe. Car le Christ lui aussi existe bien qu'invisible, pendant les trois journées qui suivent sa mort. Les abeilles et Jésus crucifié réapparaissent glorieux et triomphants, dans la lumière des hivers ontologiques.

D'autres poursuivent la comparaison et mettent en perspective le dard de l'insecte et, de façon métaphorique, bien sûr, celui du Seigneur chargé du ministère de la Justice. Symbole du glaive qui permet la loi et l'expression de la vérité, l'aiguillon brûle et châtie, purifie par le feu, nettoie et consacre la rémission. Le miel du Christ explicite l'aspect médecin de l'âme, sauveur, guérisseur, douceur et miséricorde du Fils de Dieu. De sorte que l'animal devient bien vite un symbole de résurrection et de vie éternelle. Les philosophes païens et les penseurs chrétiens enrôlent l'abeille dans leurs bestiaires métaphoriques. Elle signifie poétiquement des résolutions d'antinomie propres à leurs visions du monde. Entre l'individuel et le collectif, le spirituel et le temporel, elles élisent la tribu et le sacré. Le symbole travaille encore aujourd'hui la mémoire génétique des hommes.

En matière de relation entre les sexes, qu'est-ce qui demeure indéfectiblement sacré aux yeux de la plupart des civilisations et des cultures et ne fait jamais l'occasion de critiques radicales, fondamentales, essentielles? Quelle instance se voit préservée par le plus grand nombre, épargnée, maintenue, gardée, conservée, bien que faisant depuis des siècles, et sous toutes les latitudes, la preuve de sa nature mortifère et négatrice pour les individualités? Où se cache la ruche sociétaire exigeant l'abdication et le renoncement à l'essentiel de ce qui constitue une singularité masculine et une subjectivité féminine? Où peut-on voir cette machine à transfigurer les énergies singulières en projets collectifs? Sinon dans la famille.

Théorie des agencements 177

La famille! Elle surgit quand le couple s'élargit et accueille un tiers. Elle ignore ensuite les limites aux combinatoires, aux probabilités composites et à leurs destins. Elle fonctionne aux humeurs, sperme, sang et larmes. Elle manifeste le triomphe absolu de la nature et congédie le plus possible la culture. Elle trahit l'empire de la nécessité et du déterminisme de l'espèce. Elle rappelle l'animalité toujours dominante dans la chair des hommes incapables de préférer l'artifice et qui subissent aveuglément la loi des mammifères. Elle vit d'agrégations, de collages, de lignages, de génétique, de programmes, d'instincts. Elle engloutit le divers et régurgite du semblable. Elle souligne la parenté de destin entre les hommes et les bêtes.

La ruche offre la métaphore appropriée pour caractériser la pulsion génésique cristallisée en forme socialement acceptable, souhaitable, désirable. Xénophon ne s'y trompe pas : dans ses *Économiques*, il synthétise tout ce qui court dans l'Antiquité grecque sur la question de la division sexuée des tâches, de la différence des sexes, de la conjugalité, du mariage, de la domesticité, de la maisonnée, de la famille, et il demande aux abeilles de fournir métaphoriquement le modèle d'organisation souhaitable des foyers. Pour les tenants de l'idéal ascétique, une politique des agencements entre les sexes passe par la formulation d'une puissance communautaire polarisée autour de la génération et de la procréation. Étymologiquement, la famille comprend tous ceux qui vivent et habitent sous le même toit, dans la même maison. Elle déborde le couple et invite au dépassement des individus au profit de statuts et de fonctions : le père, l'époux, le mari, le fils, la mère, l'épouse, la fille.

La famille occidentale se construit relativement au phallus, elle rayonne autour de cet axe préhistorique. Le modèle naturaliste et organiciste fournit les bases de la phallocratie en indiquant les modèles estampillés : dans la nature, les animaux s'apparentent en couples, se reproduisent, puis assurent les conditions de la survie et de la transmission de leur espèce et de leur progéniture. D'où les figures obligées de l'hétérosexualité, de la monogamie, de la fidélité et de la reproduction. Au regard des affidés de *moraline,* en dehors du couple mâle-femelle et de la génération nécessaire, le désordre triomphe.

Le discrédit de tout ce qui échappe à ces lois dites de la nature touche toutes les autres formes de sexualité décrétées asociales ou d'agencements sexués promulgués antisociaux : homosexualité, polygamie, polyandrie, inceste, pédophilie, gérontophilie, zoophilie, fétichisme, exhibitionnisme, sadisme, masochisme, et moins violemment, mais tout aussi certainement et viscéralement, masturbation, célibat, libertinage et stérilité volontaire, toutes formes de sexualités non productives socialement et qui sont à elles-mêmes leurs propres fins. L'usage des catégories dites de la perversion stigmatise toujours la sexualité du sujet affranchi des normes et des lois en la matière.

Où donc est la norme ? Chez les abeilles, ai-je dit... Précisons : Xénophon célèbre la reine — le roi écrit faussement Virgile... — pour sa participation à l'instinct divin. Sa nature induit sa posture, sa génétique produit sa logique. Dans la ruche, la reine triomphe ; dans la maison, la femme aussi. Mais pas ailleurs. La délimitation des prérogatives de l'une et de l'autre détermine une géographie des possibles et établit des barrières, des limites, des frontières. La dialectique qui anime les textes légiférant sur la question du rapport entre les sexes s'articule la plupart du temps sur une opposition radicale entre l'intérieur et l'extérieur. On reconnaît à la femme les pleins pouvoirs sous le toit, dans la maison — pourvu qu'elle agisse dans le sens du bien de la communauté, et non pour le sien propre — mais aucun au-dehors.

D'où un inventaire des tâches ressortissant aux prérogatives de l'abeille royale. Elles induisent les droits et devoirs de l'épouse : organiser le travail de la domesticité, interdire toute forme d'oisiveté, répartir les tâches, centraliser efficacement et redistribuer équitablement les biens de la communauté, décider des travaux nécessaires à l'existence et à la permanence de la forme grégaire, assurer la descendance et l'éducation des enfants chargés du futur de la collectivité. En fait, obéir à la nécessité et consentir au déterminisme, voilà les seules latitudes, les seules libertés consenties aux reines des abeilles et aux épouses des foyers. Vouloir la loi, l'aimer et mettre toute son existence au service de cet acquiescement condamne les femmes à un destin sinistre.

Les apidologues et apiculteurs ne reconnaissent pas les mœurs de leurs abeilles dans la dissertation de Xénophon qui prétend justifier l'ordre naturel. A l'évidence, les pages du philosophe socratique gauchissent les informations sous la puissance de distorsions anthropomorphes. La reine ne décide pas, ne choisit pas, ne veut pas : elle obéit. S'il en va de même pour les femmes, à quelles lois doivent-elles se soumettre ? Où peut-on prendre connaissance de ces invites non écrites mais néanmoins impérieuses ? Les insectes suivent leur pente naturelle, aveuglément. L'obéissance les informe, bien qu'aucune conscience ne leur permette de savoir l'évidence de la loi activée. Mais les femmes ?

Le fondement naturaliste de toute option phallocratique s'appuie sur la physiologie et le déterminisme des corps. La loi naturelle oblige à écouter les leçons de la chair, à se mettre à l'école des sécrétions, des rythmes, des battements de cœur, des souffles, des respirations, elle force à regarder des formes, à pratiquer l'anatomie. Alors, le philosophe désireux de soumettre les femmes à la

domesticité, au dedans confiné, constate l'efface-
ment des organes sexuels, non saillants, dissimulés dans le ventre. Ovaires, utérus et mécanique
des menstruations placent la sexualité des femmes
sous le signe du mystère physiologique, du caché,
de l'inaccessible biologique, puis de l'ineffable
ontologique. Apparition du lieu commun, si cher
aux hommes, de l'éternel féminin toujours mys-
tiquement indicible.

Que reste-t-il de la femme dans la mère transfigurée en épouse ? Le phallocrate construit sa
vision du monde sur le naturalisme biologique. Il
propose des conclusions lorsqu'il avance seulement des préjugés, car l'existence d'organes spécifiquement destinés à la génération n'oblige pas les
hommes à s'en servir, au contraire de l'animal
incapable d'échapper aux diktats organiques. La
femme ne se détermine pas par son ventre, ses
ovaires et son utérus ; pas plus l'homme par ses
testicules et son scrotum. Les différences naturelles ne deviennent des inégalités culturelles
qu'après la décision, toujours masculine, d'exploi-
ter le divers pour hiérarchiser, ordonner et structurer une vision du monde dans laquelle les mâles
se réservent le meilleur rôle.

Le dedans pour les femmes, donc le foyer ; le
dehors pour les hommes, donc le reste de l'univers. L'option naturaliste induit un partage du réel
pour le moins inéquitable. Est-ce le phallus pendant ou en érection, dehors, à l'extérieur du corps,
qui oblige à abandonner au masculin la jouissance de tout ce qui n'est pas domestique ? La tur-
gescence obligatoire servirait de faire-valoir à
l'activité masculine pendant que la conformation
du sexe féminin forcerait ontologiquement à la
passivité du réceptacle condamné à recevoir ? Le
modèle fourni par la nature implique des conséquences négatives pour les femmes et positives
pour les hommes : d'un côté l'activité, le comman-

Théorie des agencements

dement, la direction, l'initiative, la décision, le principe mâle disposant de l'empire sur le dehors; de l'autre la passivité, la soumission, l'obéissance, la docilité, la subordination, le principe femelle se limitant aux pouvoirs sur le dedans.

Plus loin encore, et plus avant dans l'induction du modèle naturaliste et misogyne, la présence et l'existence des organes de la génération soumet les femmes à leur destin de mères. Elles doivent, pour ce faire, contribuer à la forme qui, socialement, permet l'exercice de la maternité, à savoir le couple élargi à la famille. L'ordre naturel efface la femme et le féminin pour célébrer la femelle et l'accomplir dans la mère. Largeur de bassin, ovaires douloureux, menstruations visibles, glandes mammaires protubérantes suffisent aux tenants de l'ordre naturel pour conclure chez les femmes à l'évidence nécessaire de la parturition, de la maternité, de la gestation, de l'allaitement. Quand les enfants apparaissent, l'assignation à résidence se trouve de fait réalisée. Et pour longtemps. L'obligation maternelle légitime la sédentarité et scelle le destin des femmes éternellement limité au dedans. Loi naturelle, encore et toujours...

La domesticité s'impose et avec elle se dessine un destin occidental encore prégnant aujourd'hui : la mère de ses enfants et l'épouse de son mari fournissent deux figures redoutables pour conjurer et congédier la femme dans sa pure nudité existentielle. Les fictions de l'instinct maternel et de la sexualité exclusivement cérébrale des femmes suffisent à asseoir et à légitimer le pouvoir de cet agencement mortifère pour les singularités. Maternité et famille désamorcent toute velléité libertaire en inscrivant le destin du corps individuel dans la nécessité sociale communautaire. Assignée à résidence, sédentaire, domiciliée, fixée, figée, une femme devenue mère renonce de fait à l'expression de son caprice, de son vouloir et de sa liberté. Privée de monde ouvert, elle triomphe dans l'univers fermé du foyer conjugal : jamais prison ne fut plus perfidement efficace.

Dans la vision du monde machiste, le modèle naturaliste se double, bien évidemment, d'une détestation du modèle artificialiste. Là où triomphe la loi naturelle, on se prémunit de l'hypothèse de l'artifice. Je constate que tous les philosophes qui en appellent à l'indexation des comportements sur les leçons données par la nature critiquent très violemment le maquillage des femmes et tout ce qui manifeste le triomphe de l'artifice et de la volonté sur leurs corps : les parfums, les bijoux, les vêtements, les tissus précieux et les étoffes rares. Ovide, qui tient pour l'artifice en tout, écrit un livre intitulé *Les Produits de beauté pour le visage de la femme* dans lequel il célèbre les onguents, les ivoires, les coiffures apprêtées, les senteurs, les gommes, les crèmes, les encens, les soins de la peau, et tout ce qui magnifie la décision humaine de faire reculer les violences et les brutalités de la nature. Or, le maquillage vaut moins signature de la soumission sociale des femmes au pouvoir phallocrate que revendication de l'artifice contre l'empire de la nature voulu par certains hommes.

Pythagore et Platon, Xénophon et Aristote, Plutarque et tous les Pères de l'Église, sans exception, consacrent de longues pages à célébrer le modèle naturel et à interdire avec une grande vivacité la possibilité pour les femmes de s'approprier leur destin en le voulant sur le mode de l'artifice, de la décision, de la sculpture de soi. Le diable est artifice, tromperie, séduction, mensonge, quintessence de l'art. Une femme qui refuse la nature et en appelle aux artifices dit en pointillé qu'elle sait ces deux mondes séparés de la même manière que

Théorie des agencements 183

nourriture et gastronomie, sexualité et érotisme, instinct et vouloir. Le modèle naturaliste, fondateur de la logique phallocrate, condamne les femmes à la sexualité et interdit tout accès possible à l'érotisme. Promesses de nihilisme généralisé pour toute relation entre hommes et femmes...

En matière d'intersubjectivité sexuée, la logique physiologique induit la partition fautive entre le *dedans* féminin et le *dehors* masculin. Elle produit en cascade la répartition des rôles, la légitimation de la domesticité, la nécessité de fonder une famille et l'obligation de générer une descendance. Ensuite, cette option naturaliste se double d'une logique théologique appuyée sur une autre dialectique, tout aussi fautive : elle oppose le *haut* divin, céleste et masculin, et le *bas* humain, terrestre et féminin. Cette nouvelle proposition génétique contribue elle aussi à féconder la mythologie phallocrate et familialiste en rendant possible une théorie de la puissance unitaire et de l'autorité paternelle.

Où l'on retrouve les dualistes et leur opposition forcenée entre un monde céleste, idéal, pur, intelligible et un univers terrestre, concret, impur, sensible. Bien évidemment, on songe d'abord à Platon, le plus célèbre partisan de cette schizophrénie ontologique. A tort, car l'auteur du *Timée* se révèle pythagoricien et influencé par cette école sur nombre des points cardinaux de sa vision du monde : du dualisme à la métempsycose, de la valorisation de l'âme au discrédit du corps, de la proposition de l'idéal ascétique aux options mystiques ésotériques, du rôle architectonique du nombre ou des proportions dans l'économie du monde à la théorie de l'Un, le disciple de Socrate semble la plupart du temps un élève docile et ânonnant du philosophe à la cuisse d'or. Car Pythagore invente philosophiquement en Occident la dialectique du haut et du bas.

Les pythagoriciens et leur maître décrètent le ciel habité par un principe unique, monolithique. Importé d'Égypte et de Babylone, la croyance au monde céleste et au Dieu-Un propose un modèle de perfection inaccessible. La théorie idéaliste travaillant à ravir dans ce sens, cette instance devient une entité insaisissable, indicible, ineffable, impossible à saisir avec les catégories rationnelles de l'entendement. Seules une procession intellectuelle, une purification spirituelle, une dialectique ascendante, une conversion mentale laissent apercevoir ce monde qui, pourtant, passe pour gouverner l'ensemble du réel sensible.

Bien que relevant plus sûrement d'un genre de théologie négative que d'un abord hypothético-déductif, le ciel des idées devient vite une géographie dominée par un principe divin qui concentre la force, l'autorité, la puissance, le gouvernement. Le Dieu des disciples de Pythagore résiste à la description, bien sûr, mais il n'en demeure pas moins qu'il régit, décide et veut ce qui advient dans le moindre détail. Dans le monde d'en haut, il règne absolument, seul et sans partage. Son dessein ? garantir l'Ordre qu'il produit, assurer la permanence d'une Harmonie qu'il fabrique. Dans cet univers de perfection idéale, tout est harmonieux, équilibré, parfaitement agencé, rien ne trahit le moindre désordre, la moindre disharmonie, ces qualités intrinsèques et négatives du réel sensible. Là où les hommes manquent, l'absolu s'épanouit.

Quelles conséquences cette fâcheuse théorie entraîne-t-elle en matière d'agencements des êtres sexués ? Les hommes et les femmes doivent sur terre viser et vouloir l'Harmonie repérable dans le ciel. La réalisation dans le détail le plus infime de la perfection du monde idéal fonde l'essentiel de la métaphysique des mœurs pythagoricienne. A la question *Que faire ?* les élèves de Pythagore

Théorie des agencements 185

répondent en brandissant le modèle transcendant. L'en-haut infuse l'en-bas et cette dialectique verticale induit une théorie de l'harmonie dans laquelle les deux sexes trouvent les raisons d'un agencement recopié par Platon et les platoniciens, Xénophon, Aristote et Plutarque, puis tous les représentants de la galaxie patristique et leurs suivants laïcs jusqu'à aujourd'hui.

Pour les négateurs du désir et du plaisir, la Famille, sur terre, doit reproduire l'organisation céleste sur le mode du calque. La Cité et l'État également, bien sûr, ainsi que toute forme qui met en scène deux individus. Le règne de l'Harmonie comme vertu qui cimente les couples et toute intersubjectivité entame un empire pour l'instant presque trois fois millénaire. Ainsi, Dieu est au monde ce que l'homme est à la femme, les parents aux enfants, le père à sa famille, le Roi à ses sujets. D'où une indexation sur le registre positif et céleste de Dieu, du masculin, de la parenté, de la paternité et de la royauté, en même temps qu'un rejet vers les abîmes négatifs du réel sensible, des femmes, des progénitures et des sujets. Leçon : le divers et le multiple se doivent fédérer sous le registre impérieux de l'Un.

Fractale à souhait, cette logique suppose que l'infiniment petit reproduit les formes de l'infiniment grand, que l'infinitésimal déplie à sa mesure un modèle macroscopique. La géographie de la famille formule celle du ciel. Son histoire synthétise l'ordre céleste. La structure principielle fournit les duplications infinies. Le foyer concentre la loi divine. Le mâle règne dans sa famille à la manière de Dieu sur le réel. Ce qui déborde l'Un obéit à la nécessité soudainement promue naturelle, alors que ce modèle est éminemment culturel et idéologique, car il permet de fonder et d'asseoir intellectuellement le pouvoir des hommes bénéficiant de la seule force physique et du monopole de la contrainte pensable.

La domination et la servitude induites procèdent moins d'un ordre naturel que de la volonté culturelle des plus forts sur le terrain physique. L'empire phallocrate procède de la pitoyable puissance corporelle et musculaire : pouvoir frapper et donner des coups, détruire et mettre à genoux, nuire et endommager, soumettre et maltraiter. Il découle des conséquences du modèle naturaliste où le mâle dominant décide du droit et établit les règles en les décrétant justes parce qu'elles légitiment l'état de fait brutal qui lui profite. Dieu sert la mystique mâle qui l'a créé pour cette occasion, en le dotant des attributs d'un sexe fort.

Naturaliste et théologique, transcendante et fractale, la logique phallocrate organise les dialectiques en ensembles cohérents. Là où les oppositions dominent, les propositions de réductions de ces contradictions constituent des blocs de cohérence intellectuelle génératrice d'un nouveau dualisme : du côté masculin se retrouvent l'Un, le Dehors et le Haut, et du côté féminin, le Divers, le Dedans et le Bas. La coexistence de ces opposés suppose une théorie des proportions susceptible de se résoudre en formules harmonieuses et génératrices d'équilibre, de paix, d'ordre.

L'Harmonie, voilà la grande obsession des philosophes pythagoriciens, indépendamment de leurs domaines de prédilection. La doxographie de l'école grouille d'enclumes et de marteaux différents, de disques de bronze diversement épais, de vases inégalement remplis d'eau, de planètes en quantités innombrables, de sons multiples et de chiffres considérables. Problèmes : comment, à partir du divers, produire de l'harmonieux ? De quelle façon générer des bruits, des sons, des cosmos et des nombres mélodieux et proportionnés ? Pareillement : de quelle manière, avec des hommes et des femmes, sinon des enfants, fabriquer une forme sociale et communautaire consonante ?

Théorie des agencements 187

Hippodamos de Milet s'attelle à la tâche en architecte et en urbaniste. Avec des maisons, il construit des blocs, puis des quartiers, enfin il propose un plan, auquel on donne aujourd'hui son nom, dans lequel le divers disparaît au profit d'une ville définie comme un tout harmonieux; Damon l'Œthien, dit le musicien, procède de la même manière avec les trois genres de rythmes, les quatre genres de voix, le nombre de notes, les différents modes et avance des hypothèses pour formuler les conditions de production de l'harmonie musicale; Polyclète de Sicyone, sculpteur, agence les divers membres du corps masculin, taille la pierre et réalise une œuvre aux proportions parfaites alors baptisée le *Canon*; Archytas de Tarente, mécanicien et géomètre, militaire et philosophe, travaille sur les façons de dupliquer les volumes ou sur la consonance des chiffres afin de viser des résultats enharmoniques : tous réduisent le Divers à l'Un et ramassent la multiplicité éclatée dans la singularité d'une œuvre. Une cité, un traité de musicologie, une sculpture, un texte théorique, des théorèmes formulent sur leurs terrains respectifs les lois de la vérité harmonieuse.

Et pour les agencements entre les sexes ? Existe-t-il, dans le corpus des philosophes pythagoriciens aujourd'hui disponible, des individus soucieux de penser la communauté domestique à la façon de tel ou tel les plans d'urbanisme ou les formules qui président à l'établissement des solides ? Quel Hippodamos pour le couple ? Quel Damon pour la conjugalité ? Quel Polyclète pour la maternité ? Quel Archytas pour la famille ? Les chercheurs qui établissent la doxographie classique des philosophes antérieurs à Socrate optent pour le silence sur ce sujet. Apocryphes probables, manque de sérieux théorique, datations approximatives : tous les universitaires soucieux de colliger les fragments présocratiques justifient ainsi l'éviction théorique d'une tradition pourtant existante de femmes pythagoriciennes.

Théano, Perictioné, Phintys, Mélissa et Myia, malgré les imprécisions de dates, de noms, leurs degrés inconnus de parenté ou de proximité avec Pythagore, leur statut incertain d'auteurs ou d'épigones, peuvent s'appréhender intellectuellement de manière moins fragmentée et parcellaire que nombre de penseurs abdéritains ou isolés, malheureusement réduits à la portion congrue par le hasard des trouvailles archéologiques et papyrologiques. Or lire des femmes philosophes promet toujours un surcroît d'intérêt et suscite une charge véritable de curiosité dans un monde presque exclusivement dévolu à la parole masculine. Quelques pages intégrales, cinq lettres consacrées à l'éducation des enfants, à l'art de vaincre ou de supporter la jalousie, à celui de régir sa domesticité ou d'accepter les ravages du temps, voilà, somme toute, assez de matière pour réfléchir substantiellement.

Certes, et malheureusement, ces femmes philosophes ne brillent pas par la complexité rhétorique. Leurs dissertations ne montrent pas de quelle manière la monade produit la dyade qui engendre le nombre qui, lui, génère en cascade points, lignes, figures planes ou à trois dimensions, corps sensible, etc. Aux antipodes de la raison mystique, loin de tout souci ontologique et théorétique, elles dissertent sur le quotidien de la domesticité, elles proposent une authentique doctrine de la vertu. Dans l'École pythagoricienne, d'aucuns s'occupent des révélations de l'essence, d'autres de la nature de l'absolu. Ils évoluent dans le registre de la doctrine pure. Pour autant, un grand nombre se préoccupe d'un enseignement dit acousmatique caractérisé par l'économie du doctrinal, l'évitement du démonstratif et la polarisation sur la synthèse mnémotechnique des fondamentaux de la pensée magistrale. Leur tâche ? Dire ce qu'il faut faire ou ne pas faire, édicter des prescriptions visant très concrètement l'ordonnancement de la vie quotidienne.

Les femmes pythagoriciennes dont subsistent les fragments et lettres relèvent de cette dernière catégorie d'acteurs philosophiques — les acousmatiques. Dans le dessein d'élucider la question de l'agencement entre les sexes chez les tenants de l'idéal ascétique, le contenu du corpus conservé suffit nettement pour se faire une idée très claire de la doctrine sur ce sujet. Fort étrangement, ce qui s'énonce dans ces quelques pages modestes fournit l'ensemble des prescriptions de Platon, de Xénophon, d'Aristote et de Plutarque sur la question. Les *Lois* du philosophe de la caverne, l'*Économique* du penseur socratique, la *Politique* du Stagirite, les *Préceptes du mariage* de l'inventeur des biographies parallèles (quatre ouvrages majeurs de l'Antiquité qui passent traditionnellement pour épuiser le sujet), reprennent, parfois mot à mot, le contenu doctrinal pythagoricien et se contentent de le commenter vaguement ou de l'amender légèrement. Et comme dans toute tradition séculaire d'écriture philosophique, sans jamais vraiment citer les sources...

On déchante rapidement en constatant que les femmes pythagoriciennes ne dépassent ni ne surclassent leurs condisciples mâles en sagacité et en originalité sur le sujet de la différence sexuelle. Là où la gent masculine développe une théorie du dehors et du dedans, en appelle à une dialectique de l'Un et du Multiple, recourt à la métaphore organiciste et naturaliste, s'appuie sur l'option théologique et spirituelle des deux mondes, les femmes, obéissantes et soumises, reprennent intégralement à leur compte les théories de leurs époux, pères ou amis. Les pornographies publiques et les exhibitions sexuelles d'Hipparchia la cynique situées aux antipodes philosophiques pythagoriciennes laissent rêveur le penseur amateur de sensations fortes...

En substance, voici les options de ces dames penseuses : la conformation physiologique des femmes les oblige à la maternité ; faire des enfants induit le couple et la famille, formes idéales pour assurer la reproduction de l'espèce et lui donner un maximum de chances ; d'où l'évidence d'une stricte fidélité et d'une interdiction fondamentale de tout libertinage ; en conséquence, les tâches afférentes au fonctionnement domestique, du ménage aux soins quotidiens en passant par l'éducation des enfants et le souci attentif de leurs maris, revient aux femmes de fait et de droit. Pour elles aussi fidélité, monogamie, hétérosexualité, couple et maternité fournissent les archétypes indépassables. De sorte que l'inverse de ces principes sacrés devient le mal sous forme de plaisir, de sexualité voulue pour elle-même ou de désordre.

Ainsi du divorce qui manifeste l'exacte antithèse de l'harmonie réalisée par le mariage. Dans la famille, figuration sur terre de l'Harmonie qui règne au ciel, tout doit viser l'équilibre, la paix, l'ordre. De même qu'on obéit à un Dieu unique dans le ciel, on se plie absolument à l'autorité du mari sous le toit de la maison. En se soumettant à son ordre, on réalise dans son propre microcosme le principe qui triomphe dans le macrocosme universel. La loi du cosmos doit être activée dans les formes de la famille et du couple. L'autorité paternelle procède de la puissance divine, les décisions de l'époux valent sur terre les édictions divines dans le monde idéal. Dieu le Père, déjà...

L'homme commande avec amour, la femme obéit avec intelligence — pensent-elles. Le bonheur d'une femme coïncide avec l'exercice de la

Théorie des agencements

nécessité naturelle, avec le consentement aux volontés de son mari. Quand elle soumet sa volonté propre à celle de son époux, elle réalise l'Harmonie douce aux dieux, chère à leur regard. L'en-haut et l'en-bas réunis, le dedans investi, le dehors évité, l'équilibre installé, les proportions savamment fabriquées, la musique des sphères se fait entendre : tout glisse dans le cosmos sur le mode parfait, idéal, euphorique. L'excellence surgit avec l'union réalisée ; l'unité se constitue autour de la puissance mâle.

Qui affirmerait sans sourciller la disparition, aujourd'hui, de la prégnance du modèle Harmonique pythagoricien dans le couple, le foyer, la famille modernes ? Trois mille ans après, ou presque, l'idéologie familialiste s'appuie toujours sur cette option de la disparition des conflits, de la réduction des différences, de la désintégration des altérités et de la réalisation d'une fusion assimilée à la confusion. La sphère platonicienne et le carrelet d'Aristophane figurent depuis toujours cette célébration métaphorique du couple et de la famille instruits selon l'ordre de la négativité conjurée et congédiée au profit d'une positivité réalisée dans la génération, dans l'incarnation physique des différences résolues, dans le devenir Un du divers associé charnellement. Dans la ruche de Xénophon chaque chose a sa place ; pareillement dans la famille nucléaire et antédiluvienne.

Comment réaliser l'Harmonie ? En liant les parties, en stabilisant l'ensemble, en resserrant l'unité, car toutes ces opérations créent et maintiennent l'ordre universel. L'idée d'un cosmos organisé selon des principes immuables transposés sur un autre terrain que celui de l'astronomie produit des malentendus sans nom. Chercher un modèle hétéronomique (l'astronomie mystique) pour légitimer une figure spécifique (la famille phallocratique) conduit à risquer l'autonomie des deux registres et à manquer les deux occasions de vérités séparées. Sur le terrain épistémologique, le pythagorisme fonctionne selon des modèles métaphoriques, comme nombre de philosophies dualistes, transcendantes et spiritualistes. Pythagore veut l'ordre du ciel sur la terre, il réussit tout simplement à légitimer l'ordre des hommes sur le monde des femmes au nom d'une hypothèse fantoche et factice doublée d'une physiologie tyrannique.

Dans le concert domestique, chacun joue sa partition dans le dessein de produire une musique harmonieuse, mélodieuse, agréable, douce à l'oreille. Le chef d'orchestre donne le *la*, et bat la mesure. Bien sûr, c'est l'homme. La division du travail s'impose, la répartition systématique des tâches aussi. L'identité se forge exclusivement dans la fonction. Le père de famille appelle la mère de famille à la façon dont Dieu appelle l'Homme, ou le Couple la Famille, puis l'Un le Divers, le Dehors le Dedans, l'En-Haut l'En-Bas. Alors le réel trouve ses points d'équilibre, ses occasions de stabilité. Pas d'organisation du monde plus dualiste, pas de proposition éthique plus spiritualiste, pas d'idéologie plus phallocrate que ce pythagorisme et sa maudite postérité.

Moins prosaïquement, plus trivialement, la réalisation de l'Harmonie et de l'Ordre pythagoriciens suppose que la femme consente à un triple rôle : maîtresse de maison, mère de famille, modèle d'épouse. Qui refuse actuellement cette triple fonction réductrice pour les damnées du sexe féminin ? Qui refuse l'asservissement du féminin dans ces registres sclérosants ? Qui interdit la soumission du destin des femmes à cette série de trivialités ancestrales ? Sinon le libertin. Qui remet en cause ces modèles caducs ? Qui fustige ces rôles, méprise ces fonctions, honnit ces distributions ? Qui met à mal ces trois prétendues

Théorie des agencements

vocations naturelles ? Le libertin. Qui se réjouit de réduire les femmes à la domesticité, à la maternité, à la conjugalité ? Qui célèbre le lien conjugal, le devoir conjugal, la foi conjugale ? Qui aime la dame, la bourgeoise, la ménagère, la cuisinière ? Le misogyne porteur de son phallus à la manière d'un gnomon. Et, toutes générations confondues, nombre d'hommes fabriqués mentalement sur ces principes.

Encore moins poétiques, mais de plus en plus pragmatiques, les conséquences de la culture harmonieuse obligent l'épouse à abdiquer toute opinion propre, toute pensée personnelle. La soumission exige le renoncement à la subjectivité et le dépouillement de sa singularité. Le corps cesse d'exister de manière autonome. Ni désirs ni plaisirs ne sont tolérés, ni sexualité libre, en dehors du mari et de la procréation, ni célibat, ni stérilité volontaire, ni passion. Sous ces auspices maussades, on fait son deuil de toute autonomie charnelle, de toute latitude corporelle. En revanche, on pratique assidûment vertu et piété, mesure et circonspection, réserve et discrétion, obéissance et abnégation. Et vive l'Harmonie réalisée... Dirait-on portrait vieux de vingt-cinq siècles ? Combien contestent et s'insurgent *sur le fond*, parmi les hommes, mes contemporains ?

Cette fois-ci, abandonnons le théorique et regardons de plus près un paragraphe de la doctrine de la vertu pythagoricienne, en l'occurrence une lettre de Théano à Nicostrate sur la nécessité pour la destinataire de la correspondance de conjurer une jalousie apparue lors d'une infidélité conjugale de l'époux. La première invite la seconde à dépasser sa douleur : la tromperie de son mari compte pour rien, car elle se justifie par le seul désir de plaisir sexuel et la pure volonté de jouissance corporelle. Pourquoi souffrir sans raisons, puisque l'essentiel est préservé ? Comment pourrait-on désirer le vice du sexe débridé entre mari et femme ?

Que le mari volage aille donc se dépenser dans les bras d'une courtisane ou d'une femme légère, pourvu qu'il dispense son épouse des assauts de son animalité. La violence du désir mâle épanchée dans les draps d'une femme aux mœurs légères, voilà le désordre, la disharmonie, l'excès. Il revient à la femme de restaurer l'ordre et l'harmonie en construisant la paix qui passe par le pardon, la magnanimité, la longanimité. D'autant, ajoute Théano, que les feux furieux de l'adultère durent peu et que la passion s'éteint d'elle-même, rapidement, alors que les liens du mariage procèdent d'une plus solide consistance. Une épouse doit gagner son salut en plaisant à Dieu. En accordant la terre et le ciel, en reliant l'en-haut et l'en-bas, elle obtient un statut dans la mémoire de la puissance cosmique qui, ne l'oublions pas, préside aux réincarnations et aux redoutables lois de la redistribution des âmes dans de nouveaux corps. Se soumettre ici à la loi du mari permet de gagner son paradis et son éternité, là-bas, aux côtés de la puissance divine. Le christianisme pourra puiser dans cette représentation du monde. Ce que Dieu veut, l'homme le veut. Au paradis des ascètes, les carrelets, les éléphants et les abeilles sont rois...

Organiciste avec la logique de l'intérieur et de l'extérieur, théologique avec celle du sol et du ciel, le naturalisme phallocrate fonctionne également selon un principe génétique, séminal et spermatique, qui en appelle au temps du sang et du sol, opposé à celui du contrat et de la volonté. Éternité désirée contre durée limitée : les options familialistes et libertines s'opposent radicalement, fondamentalement. Un, puis deux, puis un tiers et d'autres, le trajet politique s'affirme avec évidence : de l'individu au couple, du couple à la génération, de la paternité et de la maternité à la famille, l'homme grégaire devient le fourrier du social, puis de l'organisation politique tout entière. Aristote ne dit rien d'autre en exhibant son fameux « animal politique » dans le cirque de son éthique communautaire.

Le politique commence moins au *deux* du couple qu'au *trois* de la famille, avec l'arrivée du premier enfant. L'harmonie suppose la réduction des contraires féminins et masculins dans la complémentarité du couple; elle semble également exiger le tiers comme occasion de réaliser l'unité dans la famille. D'où l'évidence de la dimension éminemment politique de toute procréation. Là où les individus s'imaginent construire une pure et simple histoire singulière, ils écrivent une page idéologique et culturelle d'histoire, de sociologie, de démographie. Le geste amoureux, quand il s'encombre d'agencements durables, débouche sur une pratique collective. Commencées avec le sperme et le sang individuels, les histoires d'amour fécondent, un jour ou l'autre, à leur corps défendant, le sol d'une Nation et la terre d'une Patrie.

Pour cette raison, tous les régimes, autoritaires ou violemment persuasifs, légifèrent sur la question de l'intersubjectivité sexuelle. Les philosophies soucieuses de fonder des collectivités et de réaliser des sociétés ne manquent jamais, depuis Platon et Aristote, d'intégrer des considérations sur le célibat, le couple, la sexualité, la procréation, la famille, le divorce, l'héritage, le droit, et toutes les modalités dérivées des relations entre les hommes et les femmes. Sur le mode fractal, là encore, la cellule de base de la société, la famille, et la pointe absolue du politique, l'État, fonctionnent en un contrepoint destiné à produire des sons harmonieux. La cité idéale platonicienne et celle d'Aristote construisent les deux extrémités de la vie éthique sur les mêmes structures, soucieuses de répartir les forces selon des principes identiques. On y retrouve les invites pythagoriciennes devenues depuis les institutions occidentales canoniques : les obligations prolifèrent, toutes visent la dissuasion ou l'interdiction du célibataire, figure antipolitique radicale.

Loin de faire sourire, à distance, les Inspectrices des Affaires conjugales des *Lois* de Platon et le service sexuel national obligatoire de la *Politique* d'Aristote disposent aujourd'hui de prolongements inattendus reformulés dans les termes et les catégories de l'Occident contemporain : la pression idéologique, le regard d'autrui, le bavardage et la dictature du On, chers à Heidegger, la persuasion fiscale, le modèle dominant, la charge médiologique (des canons de l'art chrétien — Annonciation de Vierge enceinte, enfantement dans l'étable et tribulations de la Sainte Famille —, à ceux de la logique médiatique qui triomphe sur le marché — le beau mariage, la famille merveilleuse, le conte de fées, puis le mari, la femme, l'amant), la tyrannie sociale laisse peu de latitude aux volontés rétives devant les agencements classiques. Refuser délibérément le sang géniteur équivaut à un renoncement tacite au sol de la nation.

Enfin, la volonté d'éternité, ancrée dans le ventre des amateurs de famille, trahit profondément une angoisse existentielle radicale, une incapacité à admettre sa propre finitude doublée d'un désir de la conjurer dans le fantasme des générations, de la descendance, de la transmission, de l'immortalité obtenue et vécue par procuration. Laisser une trace : pitoyable raison, ridicule justification, piètre argument. Le néant triomphe de tout, y compris de cette incroyable prétention à se croire définitivement garanti du trépas éternel par le théâtre familial. Outre la joyeuse loterie du récessif et du dominant, la génétique laisse au sang l'immense perspective aléatoire de combinaisons infinies.

La famille se prétend une machine à produire de l'éternité individuelle. En fait, elle triomphe en auxiliaire récupérateur de la pulsion de l'espèce par l'ordre collectif. Là où la libido menace de faire dominer sans partage le chaos, le désordre, la violence d'une énergie brutale et sans loi, elle fixe, arrête, stoppe et encage le désir en lui donnant une forme socialement acceptable. De plus, elle oblige ses membres à un service social et communautaire continuels. Sous couvert de viser les fins personnelles d'édification de leur progéniture, le père et la mère servent un grand dessein politique exigeant de ses desservants un renoncement à leur pouvoir libertaire d'user souverainement de leur temps, de leur corps, de leur force. Avec un désir nomade fixé par les conditions d'un plaisir sédentaire, cristallisé par l'engagement conjugal et les enfants, les deux singularités renoncent à leurs biens propres et accèdent aux fonctions sociales payées dans la monnaie symbolique de la reconnaissance identitaire repérable.

L'instinct, le pur instinct, rien d'autre que l'instinct : il n'existe aucune autre source au grégarisme avant son durcissement en formes sociales. L'incapacité à devoir naître, vivre, jouir et mourir seul, entre deux néants, destiné à une disparition sans appel, condamné aux seuls expédients de la durée — dont le libertin sait qu'ils peuvent, et doivent être magnifiques —, voilà les raisons de l'ordre et de la loi présentées sous les auspices de la nature. En consentant aux modèles dominants, l'individu abandonne sa singularité, puis obtient en paiement de sa docilité et de son conformisme, un temps seulement, la paix de l'âme, la quiétude de l'esprit, l'indolence du corps, le plaisir animal de ne pas se sentir seul, d'être semblable aux autres, tout en se croyant différent. Dans le couple et la famille pointent inexorablement les forces animales avec lesquelles se structurent les hordes, les troupeaux, les tribus. Et les ruches.

Chapitre second

DU CONTRAT

« D'abord *apprenez* à aimer. »

NIETZSCHE, *Ainsi parlait Zarathoustra*

« Se suffire à soi-même (...) c'est jouir de la condition divine. »

NIETZSCHE, *Le Gai Savoir*, § 300

« N'en serais-je pas réduit à me transformer en hérisson ? — Mais, se laisser pousser des piquants, c'est du gaspillage, un double luxe même, lors même qu'il nous est loisible de nous en passer et de garder les mains *ouvertes*... »

NIETZSCHE, *Ecce Homo*, Pourquoi je suis si malin, § 8

Pour Arthur, hérisson rue des Fleurs.
Pour Alain Szczuczynski, mangeur de hérisson.

CÉLÉBRATION DU HÉRISSON CÉLIBATAIRE

Un aigle aux ailes écourtées, un cavalier chauve, un chameau qui fiente dans une rivière, un loup joueur de flûte, une écrevisse et sa mère, une esclave laide, un estomac et des pieds, un serpent gelé, un lion amoureux et un rat reconnaissant, des chiens en guerre, un marchand de statues, un médecin ignorant, un milan qui hennit, un pêcheur de pierres dans un fleuve, une poule aux œufs d'or, une taupe et sa parentèle, une truie mal embouchée, et beaucoup d'autres animaux familiers du bestiaire fabuleux, on trouve de tout chez Ésope, une mine pour ses suivants. Mais nulle trace de hérisson. Même si Aristote signale dans sa *Rhétorique* une pièce ésopique avec ledit animal, le corpus classique du poète grec ne retient aucune histoire avec la bestiole épineuse.

Même silence dans les fables de Phèdre ou d'Avianus qui mettent en scène une vieille souris et un choucas déguisé, un cerf emprunteur et un loup faux témoin, un âne moqueur et un jeune taureau, une chatte sauvage et un paon mécontent, une vipère rongeant une lime et une montagne qui accouche, un chien devenu vieux et des prétendants amoureux, un ours et des crevettes, un corbeau qui dit bonjour et un renard renonçant à des raisins — mais toujours pas de hérisson. Autant d'animaux qu'on voudra, devenus célèbres depuis, notamment grâce à La Fontaine, mais rien qui ressemble de près ou de loin au petit museau du mammifère insectivore. Étrangement, les fabulistes de l'Antiquité grécolatine ne voient pas l'utilité de convoquer cet animal pourtant précieux à plus d'un titre.

Or les auteurs de fables, amateurs d'animaux pour exprimer des types, des caractères, des tempéraments, devraient retenir le hérisson qui exprime au plus près les vertus de prudence, de prévoyance et de calcul hédoniste. A lui seul, il signifie l'obligation d'être avisé dans un monde dangereux, violent, cruel et perpétuellement soumis aux pulsions de mort. Quand dans le réel tout trahit l'empire du négatif, de la haine, de la méchanceté et des périls, il prouve le bien-fondé de la protection, du repli et de l'évitement. Le hérisson enseigne à qui sait le regarder la nécessité morale de se protéger et de se tenir à bonne distance des autres.

Il dispose du physique de l'emploi : ses piquants hérissés dans tous les sens, souvent habités par une colonie de joyeux parasites, d'acariens et de tiques, interdisent la familiarité d'une prise en main et rendent impossibles la caresse onctueuse, le tripotage intempestif et le contact abusif ; son activité nocturne ou crépusculaire le soustrait au regard des gens de jour, les plus communs, les plus courants ; son indéniable capacité à tuer et manger les serpents l'installe de fait dans le rang des emblèmes occidentaux du combat contre les puissances du mal ; sa réputation, semble-t-il fondée, d'insensibilité au venin d'abeille, son indolence quand il mange des guêpes ou des bourdons, le sacre animal irrespectueux des ruches et de leurs hôtes ; sa léthargie cyclique et ses hibernations solitaires le classent parmi les amateurs de déserts existentiels. Tout cela campe le portrait d'un animal aimable à plus d'un titre.

Théorie des agencements

Sa technique de l'évitement du négatif procède du repli, du renfermement, de la fermeture des écoutilles par lesquelles le monde pénètre habituellement la chair, donc l'âme. Dès l'apparition du risque de stress, de frustration ou de menace, le hérisson baisse la tête, ramène ses piquants sur l'avant de son visage, fronce le nez qui se raccourcit et se relève. Presque entièrement roulé sur lui-même, l'ouverture de son manteau dessine encore une forme de cœur, avant disparition de l'ensemble. Le museau s'abrite sous la visière de piquants, les doigts antérieurs également. Encore une contraction, puis l'avant rejoint l'arrière. Reste une boule hérissée d'épines, inaccessible, insensible, *protégée*.

On ne peut mieux exprimer formellement la nécessité de se défendre, se garantir, se préserver et s'abriter des coups du sort. D'aucuns, parmi les animaux, changent de couleur, se métamorphosent, se fondent dans le milieu, certains montrent les dents, insistent sur leurs défenses ou leurs canines acérées. Pareillement chez les hommes qui oscillent entre stratégie du caméléon et tactique du félin. Pour sa part, le hérisson refuse tout autant le mimétisme avec les parages que la violence du prédateur car il préfère une sagesse véritablement hédoniste : éviter le déplaisir, se mettre dans la position de n'avoir pas à subir le désagrément, s'installer dans la retraite ontologique. Ni disparaître, ni attaquer, mais se structurer en forteresse à partir d'un pli dans lequel il préserve son identité.

Se rouler en boule ou entrer en hibernation, voilà deux modalités semblables de la relation au monde quand le combat ne s'impose pas ou qu'on refuse délibérément d'installer l'intersubjectivité sur le terrain de la violence, de la guerre et du conflit. Dans sa posture typique le hérisson manifeste la volonté farouche d'une relation soucieuse d'économiser la fameuse lutte hégélienne des consciences de soi opposées. L'individu qui, dans son rapport avec autrui, déteste la haine, la négativité et toutes les formes prises par la pulsion de mort excelle dans cette logique du *pli de résistance* générateur d'une esquive bénéfique.

Dans le corpus catholique, l'animal équivaut très rapidement au pécheur. Pour quelles raisons le christianisme déteste-t-il le hérisson? Les prophètes, toujours perspicaces en diable, remarquent qu'il habite de préférence les villes en ruine et qu'il manifeste une prédisposition dommageable pour les cités désertées par les hommes, donc maudites parce que touchées par la peste, la famine, la maladie, la guerre et autres catastrophes de mauvaises factures. Augustin, toujours lui, décidément, dès qu'il s'agit de proférer des sottises, établit une relation de similitude entre la couverture d'épines et la charge de péchés. On se souvient, sur le Golgotha, du genre de hérisson porté en couvre-chef par un Dieu fait homme décidé à s'encombrer de tous les péchés du monde. Peut-être la métaphore prend-elle ici naissance...

Les Pères de l'Église lui reprochent l'hypocrite insolence de qui se referme avec orgueil sur soi, se refuse l'ouverture aux autres, au monde. Pire : ces théologiens fossoyeurs de philosophie fustigent son désir d'être autonome et d'apparaître à lui-même sa propre loi, indépendamment de toute référence à Dieu. Replié, roulé en boule, solipsiste par son vouloir délibéré, le hérisson faute gravement en revendiquant et en réalisant la souveraineté, l'indépendance, sans aucun souci du recours transcendant, sans aspiration au secours divin. Péché mortel pour les vendeurs d'arrière-mondes, impardonnable erreur : on ne saurait exister indépendamment de son prochain, car la vie se justifie pour lui, par lui.

Théorie des agencements 205

Les sectateurs chrétiens s'emballent contre le hérisson qui stigmatise aussi la passion pour les choses de ce monde et la dilection pour les biens temporels. Une anecdote traverse tous les textes païens de Grèce et de Rome — d'Archiloque à Plutarque via Pline l'Ancien. Elle rapporte que le hérisson aime follement les vignes : à l'époque du raisin mûr, il s'installe de préférence à la base des ceps pour les secouer vivement afin de faire tomber les grappes ; il éparpille ensuite les grains, puis se roule sur son forfait ; ainsi, il empale son butin sur ses piquants et repart, guilleret, en direction de son terrier pour y constituer des provisions à destination de ses petits. Pour quelles raisons faudrait-il voir ici un acte criminel ? Parce qu'il s'attaque à la vigne, au cep, au vin potentiel, donc au sang du Christ...

Forte de cette vérité symbolique et révélée, toute l'iconographie médiévale montre l'animal en parangon d'avarice, de gourmandise et de ruse. Les fruits de la vigne, parfois, laissent place à des figues ou à des pommes, mais toujours le hérisson vaut métaphore négative et diabolique. On ajoute également, pour souligner son caractère très avisé, qu'il ménage deux orifices à son terrier, l'un en direction du nord, l'autre à l'opposé, ainsi obtient-il une ventilation permanente. En cas de grande chaleur ou de grand froid, il obstrue ou débouche, mais toujours il climatise à merveille. Faut-il de plus amples témoignages pour mettre en évidence la renardie de l'animal aux piquants ?

Voilà, me semble-t-il, d'excellentes raisons pour aimer le hérisson : sa stratégie de l'évitement, sa passion des déserts brûlés, son goût pour l'autonomie, son autosuffisance démontrée, son art de la prudence, son ingéniosité avisée, sa prévoyance avérée, ajoutons : sa fonction de victime émissaire et propitiatoire chez les chrétiens — tout contribue au portrait d'un animal qui mérite grandement l'affection. D'autant que, dans l'indétermination où ils croupissent, nombre d'observateurs se demandent depuis toujours si la bestiole piquante ressemble plus à un chien qu'à un cochon. J'aime que, dans le doute zoomorphe, on hésite entre l'animal de Diogène et celui d'Épicure. En fait, quand il sort d'hibernation, amaigri, il paraît le museau fin et les joues creusées, tel un chien ; après sustentation, devenu gras, voire souffrant un peu d'embonpoint, il se met à ressembler à un porcelet joufflu. Cynique puis épicurien d'allure, décidément, l'animal ne pouvait convenir aux chrétiens.

J'aime le hérisson, aussi, pour son évidente parenté avec la stratégie, la tactique et l'art militaire. Dans l'une de ses *Élégies*, Archiloque oppose le renard et notre animal en précisant que le premier sait beaucoup de choses, certes, mais pas toujours utiles ou fondamentales. En revanche, le second dispose d'une sapience efficace, bien que réduite. Le savoir du hérisson tient en une vérité brève, mais fondamentale : il connaît les moyens et la méthode pour « se défendre sans combattre et blesser sans attaquer ». En l'occurrence, quand il se met en boule, au sens physique du terme. Fort de cette information, Élien affirme dans *Histoire variée* qu'on peut facilement le capturer, mais difficilement le garder : voilà formulées deux lois cardinales pour un programme existentiel sur le terrain amoureux. Claudien, enfin, souligne dans une *Idylle* consacrée au porc-épic, un proche parent trahi par l'étymologie, son art de ménager la fureur, ses menaces prudentes, sa défense efficace, son adresse certaine et sa colère bruyante.

Se garder et se défendre, avec prudence ; pratiquer l'esquive et exercer l'évitement, avec efficacité ; s'interdire de suivre autant que de guider, avec détermination — sur le terrain de toute intersubjectivité, le hérisson formule une morale néga-

Théorie des agencements

tive et illustre l'un des versants de l'idéal hédonique : viser le plaisir, certes, tendre vers la satisfaction, évidemment, chercher les occasions de se réjouir, bien sûr, mais également, et tout aussi puissamment, conjurer le déplaisir, congédier les causes de malaise, pulvériser les motifs d'insatisfaction. Ne pas vouloir le négatif pèse tout autant, dans l'arithmétique des plaisirs, que rechercher le positif. En se roulant en boule, le hérisson formule corporellement le versant négatif de l'éthique jubilatoire.

Qu'on ne s'étonne donc pas de voir l'animal épineux mobilisé pour désigner, caractériser et définir un ensemble de matériels utiles dans l'art de la défense guerrière. De l'instrument muni de pointes au grappin à quatre becs en passant par l'assemblage des piques de fer qui garnissent le sommet d'un mur, d'une grille ou d'une clôture pour empêcher l'escalade, le hérisson exprime constamment l'art de se protéger, de se prémunir, d'éviter le danger. Voire, plus largement, de réaliser le plaisir consubstantiel à l'absence de déplaisir. « Hérisson foudroyant », écrit Littré, une espèce de bombe hérissée de piquants de fer; hérisson encore, et selon les mêmes principes, l'engin formé d'une poutre constellée de dards métalliques dans les fortifications; hérisson également l'élément mobile d'un réseau de fils de fer barbelé qui interdit le franchissement d'un passage; hérisson enfin le centre de résistance, le point fortifié d'un front discontinu.

On ne peut plus et mieux disposer d'une métaphore pour exprimer les choses de la guerre et plus particulièrement, dans le registre polémologique, de ce qui ressort spécifiquement de la technique de la garde, du parement, du dégagement, de la riposte, de la rupture, de l'esquive et de la protection. Les traités de stratégie mettent en perspective le temps, le lieu, la quantité de forces dans le dessein de la manœuvre dite indirecte. Le hérisson oblige à la manière des arts martiaux qui utilisent l'énergie violente de l'attaquant pour la neutraliser, la diriger sur une voie transversale, la rendre caduque et inefficace par le désamorçage. Dans l'intersubjectivité sexuée, il s'agit de réduire à rien la menace du désagrément qui plane.

S'il autorise la négation du négatif, le hérisson rend possible aussi la réalisation du positif. En l'occurrence il permet de penser toujours métaphoriquement la nécessaire bonne distance dans les rapports humains. J'ai proposé dans *La Sculpture de soi* le concept d'*eumétrie* pour caractériser ce lieu idéal, ce point magique, ni trop proche ni trop éloigné de l'autre. La formule topographique de cette métrique idéale est la suivante : assez dans la proximité pour n'être pas dans la promiscuité, mais pas plus — se prêter parfois, ne jamais se donner. L'équilibre se manifeste dans cet endroit d'où part toute proposition éthique. Trop éloigné, la misanthropie guette ; trop proche, la saturation menace.

L'eumétrie suppose l'installation à égale distance de la haine de l'humanité et de l'irénisme à l'endroit d'autrui. Ni le recours intégral au désert des anachorètes et des renonçants, ni l'excès des implications fréquentes : autrui se consomme avec modération. A défaut, le risque consiste à trop savoir, trop connaître, trop voir les mécanismes sombres qui construisent, structurent et animent l'autre. S'il n'existe aucun grand homme pour son valet de chambre, il ne demeure rien de positif chez l'homme du commun dont on perçoit trop vivement la nature et les formules. Épicure récusait pareillement ceux qui ne savent pas se donner et ceux qui se donnent trop et trop vite. D'un côté la raideur cadavérique, de l'autre la déliquescence affective.

Une légende sibérienne — reprise par Schopenhauer — met fort opportunément en scène des hérissons pour théâtraliser cette éthique de la distance idéale. Deux animaux se trouvent dans un endroit désert et gelé. La neige épaisse et la glace abondante les contraignent au grelottement, au péril et au risque de la mort par le froid. De sorte qu'ils se rapprochent, se côtoient physiquement, et finissent par se réchauffer — mais pour ce faire, ils se touchent, puis se piquent. Afin d'éviter la piqûre, ils s'éloignent, prennent de la distance, se séparent — mais se mettent à nouveau à éprouver la morsure du climat. Excessivement proche d'autrui, ou trop éloigné de lui, les risques négatifs paraissent semblables : un écœurement de déconvenue ou de solitude, une nausée de désappointement ou de réclusion, une lassitude, un désenchantement, un dégoût généralisé.

D'où la nécessité de trouver une situation idéale et hédoniste dans laquelle on ne souffre ni de la présence abondante, ni du manque cruel d'autrui. Entre le solipsisme des déserts solitaires et le dépit des logiques communautaires, une arithmétique s'impose. Dans le registre amoureux, elle exclut tout autant le célibat forcé, contraint, obligé et subi, que les liens familiaux générés par le couple familialiste monogame. Elle refuse tout autant la chasteté non volontaire que la perpétuelle errance amoureuse consumériste. Elle récuse la figure de la nonne incarcérée et de la prostituée désespérée, celle du moine enfermé et du libertin féodal. Elle écarte également la solitude glacée et le mariage nauséabond.

La découverte de cette *terra incognita* où autrui cesse de menacer à la façon des récifs et des écueils suppose le recours à la rhétorique du contrat. La bonne distance se réalise avec le recours au langage, aux signes, au verbe, au sens échangés par deux acteurs lucides, informés et décidés à faire coïncider leurs actes et leurs déclarations. Je ne prends pas en considération les débris incapables de décider d'une perspective commune, qui disent une chose et font le contraire, parlent droit et agissent courbe ; je récuse ceux qu'habitent une coupure, une folie, un malaise, une brisure, une fêlure, dirimants pour une saine intersubjectivité ; j'exclus les fourbes, les hypocrites, les menteurs, les mythomanes, les hystériques ; je mets à l'écart les malades, les indigents, les demeurés de l'éthique ; je passe mon chemin devant les spécialistes du double langage, du jeu faussé, de la duplicité mentale ; je rejette ce que les juristes nomment le délinquant relationnel — et tous ceux dont Diogène d'Œnanda souligne l'incapacité fondamentale et viscérale à contracter.

Je n'imagine le contrat possible qu'entre gens de loyauté et de capacités éthiques semblables. Puisque cette forme morale, héritée du monde politique et juridique primitif hellénique, vise la réalisation du plaisir et l'évitement du déplaisir, il faut que les deux contractants sachent à quoi ils s'engagent pour produire de la jubilation à deux et écarter toutes les occasions de peines. En matière d'intersubjectivité sexuée, le contrat vise les modalités de la relation qui propose de jouir et faire jouir, sans qu'aucune douleur apparaisse, ni pour l'un ni pour l'autre. Personne n'est obligé de convenir du pacte, mais quiconque a souscrit doit impérativement tenir parole.

On peut contracter pour un mariage, des enfants, une famille, la monogamie, la fidélité, la mutuelle assistance, l'exclusivité sexuelle, la relation durable, mais on le peut aussi pour l'indépendance, l'autonomie, la liberté, le célibat, la souveraineté, le temps limité et contenu dans des formes convenues. A l'heure des engagements essentiels, chacun dispose *librement* des moyens de vouloir l'absorption communautaire ou la jubilation individualiste. Personne ne peut arguer de contraintes insurmontables, de pressions inévitables ou de coercitions inéluctables au moment où se quitte la sujétion familiale des adolescents ou des jeunes gens à même de s'engager dans une existence indépendante. Mais quand on a opté, choisi, voulu, manifesté une volonté délibérée, le contrat oblige.

Quiconque a aliéné sa liberté dans une histoire où il a promis fidélité la doit rigoureusement; à défaut de ne pouvoir la réaliser, qu'on ne la promette pas, car rien n'y force. Le libertin tel que je l'entends ne contracte jamais au-dessus de ses forces ou de ses moyens : il ne place jamais rien au-delà de sa liberté; il ne promet jamais rien qu'il ne puisse tenir; il ne s'est jamais fourvoyé dans les promesses qui engagent pour l'éternité; il n'a jamais fait miroiter à l'autre des édens auxquels il ne croit pas; il ne joue jamais avec les mots, le verbe et la rhétorique pour obtenir de pitoyables succès par le mensonge; il n'hypothèque jamais le futur, ne tire aucun plan sur la comète, ne parle jamais pour les années à venir; il dit ce qu'il va faire, il fait ce qu'il a annoncé; il a dès la première heure affirmé qu'il ne sacrifie aucunement aux mythologies et aux fantasmes familialistes de sa civilisation; il ne parle pas d'amour, de foyer, de conjugalité, de paternité, de maternité, de monogamie, d'exclusivité, de fidélité; il tient ce qu'il a promis un jour : la volonté farouche de donner et prendre du plaisir, et la détermination à rompre le contrat, ou accepter que l'autre en prenne l'initiative, dès que le projet paraît irréalisable ou dès qu'il le devient.

Le contrat installe à la bonne distance, il formule la politesse éthique de la relation sexuée. Refusant les paroles proférées en vue de l'éternité et les mensonges réitérés pour parvenir à ses fins, aussi loin du délire verbal de l'époux que du cynisme verbeux du libertin féodal, l'individu désireux de cet artifice éthique de la culture qui permet de répondre en humain aux impulsions de la nature réalise l'eumétrie au millimètre près. Cette proposition ontologique se trouve nettement, bien que vitement formulée, dans trois des dernières *Maximes* d'Épicure.

Le philosophe au Jardin s'appuie sur un principe ressortissant au droit naturel qui, chez tout un chacun, montre la voie du désirable et de l'indésirable. L'utile, confondu au juste, coïncide avec l'indication du chemin à suivre pour s'engager dans la direction de la positivité à construire ou de la négativité à conjurer. Le contrat vise l'évitement du tort infligé et celui du dommage subi. Ni souffrir, ni faire souffrir; ne pas faire de tort, ne pas en subir; ne pas empiéter sur la liberté d'autrui, son autonomie, son indépendance et ne pas tolérer qu'il déborde sur notre propre terrain. La proposition épicurienne suppose une éthique pragmatique, utilitariste et intéressée. Loin de toute mystique de l'intersubjectivité désintéressée, elle pense la relation concrète, réelle, immanente entre des sujets naturellement installés dans l'aléatoire de leur condition animale.

Contre l'impossible altruisme du genre chrétien — qui oblige à une relation inégalitaire où je suis moins que l'autre —, le défenseur du contrat hédoniste veut un commerce égalitaire et païen où autrui compte autant que moi, ni moins, ni plus. L'objectif consiste à éviter les passions mauvaises dans l'exercice du tiers : ni jalousie, ni envie, ni suspicion, ni crainte, ni soupçon, ni défiance, ni méfiance, ni peur, ni haine, ni possession ou tout ce qui entame vivement l'autonomie et l'indépendance. Mais une théorie du désir matérialiste, une logique du plaisir libre et une politique des agencements joyeux. Loin du juste en soi platonicien, excellemment conformé, mais inatteignable, le

Théorie des agencements

contrat épicurien envisage la réalisation d'une justice dans l'immédiat. Certes, elle paraît moins rutilante que l'objet intelligible, mais elle s'avère véritablement plus efficace. Dans la perspective du contrat, est juste ce qui permet la réalisation d'une intersubjectivité hédoniste impayée de déplaisir, de part et d'autre.

La relation sexuée placée sous la rubrique de la guerre, du conflit, de la possession, du combat installe immédiatement dans le monde des rapports féodaux : le maître et l'esclave, le seigneur et le serf, le prédateur et la proie — dans l'univers bourgeois et judéo-chrétien, l'homme et la femme. La forme éthique épicurienne rend possible une érotique solaire, égalitaire : les deux contractants disposent des mêmes droits, obéissent à des principes similaires, souscrivent à de semblables conventions, ils savent la possibilité de l'engagement, mais pas sa nécessité. De même, ils n'ignorent pas l'obligation de tenir quand ils ont vraiment contracté. L'engagement mutuel sur des formules convenues par les deux contractants génère des possibles voluptueux.

Le contrat hédoniste s'appuie sur l'évitement du dommage. Elle permet de conjurer les oublis, les négligences, tout en manifestant le souci de l'autre. La faute consiste dans le seul manquement à la parole donnée. Quiconque contracte sur un projet ne défaille pas s'il n'honore pas ce pour quoi il ne s'est pas engagé : coupable d'infidélité seulement l'ingénu qui promet la fidélité, et faute ; coupable d'inconstance uniquement le présomptueux qui jure la constance, et trébuche ; coupable de tromperie le naïf qui fait le serment de toujours dire la vérité, et manque à sa parole ; coupable de parjure le candide qui déclare solennellement, puis renie ses engagements. En revanche, celui qui place sa relation à autrui sous le signe de l'Éros léger, et le formule clairement, nettement, évite absolument la condamnation et le reproche d'immoralité ou d'amoralité.

L'intérêt à ne pas se nuire mutuellement fonde donc la théorie du contrat épicuriste. Souci de soi et souci de l'autre se répondent et réalisent un égalitarisme éthique intégral. Au contraire de l'ordre phallocrate et misogyne du mariage monogame, qui suppose et appelle une option fondamentalement inégalitaire, l'ordre matérialiste hédoniste du libertinage rend possible l'intersubjectivité dans une égalité parfaite. Hommes et femmes, érastes et éromènes, l'un et l'autre des partenaires, quels que soient le sexe, l'âge, le statut, se valent absolument, totalement, intégralement. La nature synallagmatique du pacte suppose deux contractants métaphysiquement semblables. D'où un féminisme nouveau promoteur d'une vision du monde semblable pour des subjectivités physiologiquement dissemblables.

Loin des mystiques pythagoriciennes et platoniciennes appuyées sur l'hypothèse du couple éternel et de la relation instruite dans le registre des essences, la théorie épicurienne du contrat structure une éthique temporelle, elle génère une rhétorique de machines célibataires engagées dans la promotion et la réalisation de l'Éros léger. De même, elle architecture un artificialisme aux antipodes du naturalisme des tenants de la transcendance et des mondes idéaux. Si l'on ne maîtrise pas l'émergence de ses sentiments, du moins peut-on leur donner une forme, les contraindre, les libérer, les sculpter. Une théorie de l'amour appelle une physique, une physiologie, certes, mais également un art du vouloir.

Si, dans un premier temps, la nature oblige, la culture reste tout de même maîtresse du devenir des exigences primitives. Instincts, pulsions, passions et libido ressortissent aux flux et énergies qui parcourent la matière, agencent le réel et réalisent le monde. Pareillement à l'œuvre dans le minéral, le végétal, l'animal et l'humain, ces forces relèvent plus ou moins d'une sculpture en relation avec l'élévation dans l'ordre du vivant. Seul l'Homme dispose du pouvoir de transfigurer la sexualité en érotisme et de métamorphoser la violence des chairs en élégance des corps. Le contrat, s'il reste sans effet sur la naissance ou le fait de ne pas être pour une histoire d'amour, permet, en lui donnant la possibilité de formes alternatives, diverses et multiples, de la moduler et de lui donner figure humaine — loin de toute bestialité.

Ainsi, le hérisson fournit la métaphore de la nécessité d'une bonne distance ; par ailleurs, la théorie du contrat propose les moyens de cette position idéale ; précisons que la figure du célibataire désigne celui qui l'occupe allégrement. Littré lui fournit une étrange et double étymologie : entre le sanskrit et le latin, le célibataire procède du borgne, de celui qui n'a qu'un œil au lieu de la paire habituelle, de même, la sémantique suppose la dilection pour la solitude. Cyclope ontologique, l'individu qui se suffit et se refuse à une détermination dans, par et pour l'autre, propose des possibilités d'existence élargies, nouvelles. Loin de tout autisme, le célibataire ne se refuse pas à la relation, au contraire, il la désire et la réalise en libertaire, soucieux de préserver tout autant sa liberté que celle de son partenaire. Engagé dans les limites du possible, étranger à toute mystique délirante et utopique, il associe l'amour et l'élection sans cesse réitérés, puis la fidélité et l'expression de la mémoire. A ses yeux, toute relation sexuée suppose la forme contractuelle donnée à ces deux figures du rapport à autrui.

L'échec du couple comme seule et unique forme de l'intersubjectivité sexuée apparaît déjà en général et dans le détail du théâtre de Plaute et Térence. De plus, il suffit de regarder autour de soi pour constater combien triomphent les divorces agressifs, les séparations douloureuses, les violences conjugales, les misères sexuelles, le bovarysme généralisé, le caractère insipide et ennuyeux d'histoires pétries d'habitudes et tout ce qui manifeste les pleins pouvoirs de l'entropie dans le quotidien des corps impliqués. D'où la nécessité de reconsidérer les lois amoureuses occidentales pour tâcher d'en finir avec la forme obligée du couple fusionnel, désireux de complémentarité et primitivement inscrit dans une volonté d'éternité. Qu'advienne le temps des individus borgnes et des options cyclopéennes...

Si d'aventure on souscrit à l'étymologie sanskrite de Littré, on retiendra que, symboliquement, le fait de n'avoir qu'un œil, loin de signifier l'amputation et les performances diminuées, caractérise le héros à l'acuité redoublée. Avec une seule pupille, on voit nettement et directement l'invisible qui fascine. Le défaut binoculaire concentre la capacité sur le seul organe subsistant et lui confère une puissance exceptionnelle, voire magique. L'impossible vision classique inaugure une vision sublimée — celle de l'animal nocturne ou du visionnaire en relation avec l'effroi. De sorte que la tradition picturale chrétienne représente assez souvent le diable avec un seul œil au milieu du front afin de souligner sa nature obscure, instinctive et passionnelle.

En revanche, le cyclope grec se distingue comme maître du Tonnerre, de l'Éclair et de la Foudre. Il préside aux éruptions volcaniques et symbolise la force brutale au service de Zeus. En lui coexistent la tradition du forgeron qui manie la foudre pour les dieux, et celle du monstre sauvage tapi dans les cavernes seulement délaissées pour la chasse. Voir excellemment, entretenir des rapports intimes avec ce qui demeure invisible pour autrui, participer du diabolique, évoluer pareille-

Théorie des agencements

ment dans les mondes de nuit et les mondes de jour, le célibataire confirme sa parenté avec les monstres ophtalmiques, même si l'étymologie de Littré flotte à la manière d'une bouteille à la mer.

Le célibataire commence par affirmer l'autonomie radicale des registres habituellement réunis dans la mystique ascétique chrétienne : le corps et l'amour, la sexualité et la procréation, le sentiment et la cohabitation, la fidélité et l'exclusivité, la monogamie et la promesse. Toute une série d'agencements peut s'envisager avec cet alphabet de l'histoire des rapports sexués : user de son corps sans être amoureux, jubiler dans la sexualité sans envisager la suite sous forme d'enfants, aimer viscéralement, mais ne pas partager le même toit, être profondément attaché à un être, mais pratiquer le pluriel des corps, pareillement, connaître l'amour, mais ne pas s'obstiner sur des proximités charnelles, procréer indépendamment de la sexualité, habiter la même maison, mais ne pas aimer l'autre d'amour au sens conventionnel du terme. Le célibataire se définit par son art plus ou moins accompli de pratiquer tous ces registres de manière fondamentalement dissociée.

Le génie génétique, la chimie gynécologique et la déchristianisation progressive de l'éthique contribuent à la formulation de nouvelles possibilités d'existence, en théorie, faire des enfants relève maintenant prioritairement de la volonté délibérée; la fidélité sexuelle paraît moins confondue à la monogamie exclusive qu'à la mémoire; l'infidèle semble plus proche moralement de l'égoïste oublieux et du négligent déloyal que du polygame discret; le sentiment amoureux ne s'embarrasse plus de l'obligation de partager un même foyer, de procréer, d'obéir à une stricte exclusivité sexuelle, mais suppose la décision, le contrat synallagmatique, le langage, le partage d'intention et de fragments élus de vie quotidienne. Après la rigueur et la rigidité judéo-chrétienne d'hier et le nihilisme d'aujourd'hui, les relations affectives méritent désormais une formulation hédoniste.

Les relations sexuées peuvent maintenant viser clairement et nettement la catharsis et la purgation des affects négatifs liés aux contraintes de la civilisation et de la culture. La sexualité, dissociée des obligations familialistes, éternitaires et holistes, devient une occasion éthique de jeux divers et multiples, de combinaisons ludiques et joyeuses, d'intersubjectivités allègres et jubilatoires. Congédiée la lourdeur, évincé le tragique, écartée la culpabilité, l'Éros léger découvre les plus ardents possibles. Dans un projet existentiel hédoniste, les rapports entre les sexes n'obligent plus à l'extinction des individualités, ni à la destruction des souverainetés. L'association de célibataires rend possible la formulation d'existences tout entières soumises au seul caprice des deux partenaires.

Pour réaliser l'idéal célibataire, l'option du cyclope exclut le tiers, la procréation et le foyer. Car les enfants, jamais à l'origine demandeurs de l'être plutôt que du rien, peuvent légitimement exiger de leurs géniteurs une assistance matérielle, certes, mais aussi psychologique, éthique, intellectuelle, culturelle et spirituelle pendant au moins les deux premières décennies de leur existence. Puisque la paternité et la maternité ne sont pas des obligations éthiques, mais des possibilités métaphysiques, le désir de mettre au monde doit impérativement se soutenir par une capacité et une volonté délibérées de rendre leur existence la plus digne possible. Dans une logique hédoniste, on évite d'infliger quoi que ce soit, y compris l'existence, à qui ne l'a pas demandé? Si l'on a tout de même obéi aux impératifs de l'espèce et consenti aux lois de la nature et de l'instinct, on s'obligera à faire de sa propre existence une

Théorie des agencements

moindre priorité en regard de ses enfants. Leur jouissance passe d'abord.

D'aucuns fustigent le prétendu égoïsme des abstinents en matière de procréation. Ils oublient que leur conformisme familialiste relève des mêmes lois de l'intérêt personnel bien compris que, chez d'autres, le renoncement à la paternité et à la maternité. En fait, parents et célibataires obéissent à des égoïsmes qui diffèrent sur la finalité et l'objectif, pas sur la méthode ni le fonctionnement. Le jugement de valeur moral ne saurait tenir lieu de pensée ni d'argument sur ce sujet. Les stériles volontaires aiment tout autant les enfants, voire plus, que les reproducteurs prolifiques. Quand on lui demande pour quelles raisons Thalès de Milet s'abstient d'une descendance, il répond : « justement, par amour des enfants ».

Je ne saurais assez préciser combien il faut effectivement ne pas vraiment aimer sa progéniture pour la destiner au monde tel qu'il fonctionne avec ses hypocrisies, ses fourberies, ses mensonges, sa négativité, avec son cortège de douleurs, de peines, de souffrances et de maux. Qui trouve le réel assez désirable pour initier son fils ou sa fille à l'inéluctabilité de la mort, à la fausseté des relations entre les hommes, à l'intérêt qui mène le monde, à l'obligation du travail salarié, presque toujours pénible et forcé, sinon à la précarité et au chômage ? Quel parent assez naïf, niais et demeuré, peut aimer à ce point la misère, la pauvreté, la maladie, le dénuement, l'indigence, la vieillesse, le malheur qu'il les offre à sa descendance comme un destin inévitable mais toutefois désirable ? Quel adulte assez cruel destinera dès sa naissance ses enfants au labeur, à la discipline, à l'obéissance, à la soumission, à la frustration que lui préparent la crèche, l'école, le collège, le lycée, naguère la caserne, puis l'usine, l'atelier, l'entreprise, le bureau ? Il faudrait appeler *amour* cet art de transmettre pareilles vilenies à la chair de sa chair ? Je ne m'y résous pas.

Mettre un être au monde, c'est fournir immédiatement au social son carburant, son énergie. Sous couvert d'amour de l'homme pour sa femme, et vice versa, sous prétexte d'envisager le destin du couple dans la procréation, malgré l'allégation que depuis toujours les choses se passent ainsi, indépendamment du ridicule de qui invite à se ménager une vieillesse heureuse, à laisser une trace dans l'humanité, à transmettre un nom, à prendre un genre d'assurance sur l'éternité, à croire qu'on peut ainsi conjurer les pleins pouvoirs de la mort qui toujours triomphe, à assurer dans son coin la pérennité de l'humanité, les hommes et les femmes, aveugles mâles et femelles, se soumettent d'abord aux forces noires du sang, de la race et de la puissance génésique de l'espèce. Car lorsque deux êtres copulent et communient dans la parturition, ils obéissent inconsciemment et d'abord au programme naturel des instincts et des pulsions. Tout autre discours sur ce sujet relève de la littérature destinée à masquer les misères et la cruauté de cette évidence.

L'apparition des enfants signe sans appel la disparition de l'autonomie et de l'indépendance des partenaires qui les décident. Le contrat culturel et hédoniste des célibataires manifeste une opposition radicale avec la pulsion naturelle et communautaire des familialistes. La parenté efface doucement la souveraineté individuelle, elle congédie lentement la liberté et l'autonomie propres, elle crée des fonctions envahissantes qui transfigurent les amoureux d'hier en rouages innocents de la machine sociale dans laquelle ils se sont imprudemment engagés. Dans toutes les cultures, les femmes héritent cruellement du devoir de prendre sur elles les reliefs de ces antiques agapes décomposées. La somme — indéniable — des déplaisirs générés par le fait d'avoir des enfants dépasse de beaucoup la somme — indéniable — des plaisirs qu'ils procurent.

Quand on n'y réfléchit pas, quand on ne se reproduit pas plus loin que le bout de son nez, l'affaire paraît entendue : les bambins donnent des occasions nombreuses de réjouissances immédiates — narcissisme parental, égotisme flatté, amour de soi reluisant, fierté familiale, jouissance du conformisme, hystérie démonstrative, surenchère sociale, régressions affectives et autres joyeusetés repérables à l'envi; mais sur le fond, dès lors que l'on y réfléchit, on concède que les mêmes bambins induisent les désagréments en cascade bien connus des parents pourvus de la lucidité la plus élémentaire.

Les épicuriens visent d'abord à conjurer tous les déplaisirs, à ne pas craindre la mort, le sort, la vie, le monde, les dieux. Ainsi prennent-ils soin d'inviter à cette éthique de l'infécondité. Elle ne se construit aucunement sur la haine des enfants, mais s'échafaude plutôt sur un réel amour à leur endroit. Épicure et avec lui quelques autres penseurs matérialistes — Thalès de Milet, donc, mais aussi Démocrite d'Abdère, Diogène de Sinope et Antiphon le sophiste — savaient la progéniture et le mariage constitutifs d'entraves majeures à l'autonomie du sage, tout autant que des contre-indications puissantes à la possibilité d'une existence véritablement philosophique, ce projet cardinal de toute entreprise de sagesse dans les écoles de pensée antiques.

La bonne distance, l'idéal eumétrique, la théorie du contrat, la machine célibataire et la logique de la stérilité fournissent les éléments d'une physiologie matérialiste de l'amour. L'énergie qui cristallise ces événements et leur permet une interaction fructueuse se nomme l'hospitalité. Cette vertu cardinale chez les Grecs de l'époque homérique force au souci de l'autre, à la prévenance, à l'inquiétude sur son sujet, à la sollicitude, au service mutuel, à l'utilité échangée. Elle suppose la délicatesse et la douceur, la capacité aux relations fines avec autrui, l'art de lire les signes microscopiques puis celui de déchiffrer les quantités infinitésimales en jeu dans toute relation. Bien évidemment, elle n'oblige pas à l'endroit du délinquant relationnel précité envers qui les devoirs se formulent relativement à d'indispensables liminaires.

L'hospitalité dont je parle se peut dire érotique. Elle n'a rien à voir avec l'amour du prochain des chrétiens, ni avec la charité des religions monothéistes qui contraignent à se servir de l'autre pour honorer Dieu et le célébrer. Le service du divin qui prend autrui en otage procède de Jérusalem quand l'hospitalité érotique habite franchement Athènes. Contre la famille et le sang, la sédentarité et le grégarisme, l'impératif social et le triomphe de la fonction, la pratique hospitalière magnifie l'individu et l'élection, le nomadisme libertaire et l'excellence de la souveraineté. Ces libertés élargies génèrent de nouvelles formes d'intersubjectivité.

L'ordre naturel qui efface la femme et le féminin pour célébrer la femelle et l'accomplir dans la mère laisse place à un ordre culturel qui restaure la femme et le féminin pour fustiger la femelle et l'émanciper de la mère. D'où un égalitarisme existentiel radical et absolu qui dépasse le machisme classique et ancestral tout autant que le féminisme construit sur l'animosité et la haine des sexes. L'hospitalité érotique réconcilie les principes masculins et féminins dans l'exacerbation des différences seules à même d'en finir avec les inégalités. Toutes les combinaisons, sexuelles ou non, sont possibles, quels que soient les sexes, les âges, les statuts, les fonctions. Le contrat hédoniste et le principe électif restaurent et magnifient

Théorie des agencements

les libertés primitives et fondamentales de choisir, vouloir et décider.

Certes, on évitera l'attente d'une révolution sociale à même de renverser les rapports de force dans la civilisation et la culture occidentales. Les lendemains qui chantent sur le mode collectif, communautaire et social ne sauraient retenir l'attention de manière sérieuse. La politique des agencements hédonistes suppose moins l'hypothèse farcesque d'un changement de société que la modification de son comportement dans la société en question (*Politique du rebelle* formule sur ce point la théorie de l'action libertaire). Ici et maintenant, dès la décision de chacun, on peut mettre en œuvre le contrat, l'élection, le choix, les principes libertins — le célibat, l'hospitalité — et créer des microsociétés invisibles, sans géographie fixe, mais toujours dans l'histoire mobile. Impossibles à repérer dans un lieu, elles se matérialisent dans le mouvement de cercles éthiques agencés autour de soi selon son vouloir propre.

L'entrecroisement des cercles formule une cartographie d'énergies impossibles à matérialiser autrement que par ses effets. Affection, tendresse, amitié, amour, sympathie, inclination, passion, empathie, attachement, penchant, cordialité, accointance, alliance, effusion, épanchement, et toutes les modalités de la pulsion de vie déclinées en regard de l'intersubjectivité, dessinent la structure de la liaison qui unit deux individus souverains et joyeux. Ce lien doit sa plus ou moins grande qualité aux énergies affectives mises en jeu. Accueillir l'autre, lui donner l'hospitalité érotique, conduit à installer de prime abord la relation sur un terrain où prime la volonté de jouissance mutuelle. L'un et l'autre, conscients et informés, lucides et perspicaces, envisagent leur histoire dans une perspective dynamique : en expansion ou en régression, toujours à restituer quotidiennement à l'aide du double principe d'élection et d'éviction — ces moteurs actifs. Ainsi, relativement au respect du contrat hédoniste, l'intersubjectivité naît, croît, s'épanouit et peut mourir, à la manière de n'importe quel organisme vivant.

Sappho semble inaugurer dans l'histoire cette forme éthique qui permet le triomphe de la relation hédoniste, élitiste et élective, indépendamment du moment politique dans lequel elle s'inscrit. L'un de ses rares fragments sauvés du néant affirme : « Pour moi, ni miel ni abeilles. » Je veux y voir un refus des douceurs mièvres du communautaire et du collectivisme social, puis une revendication de l'électif singulier et contractuel qui circule dans l'agencement d'énergies subjectives. Sappho exprime l'évidence de l'entropie et l'inéluctabilité de la mort. De cette sapience tragique, elle induit une théorie du temps présent, de la vie entendue comme œuvre d'art, du quotidien destiné à transfigurer le réel selon le principe des jubilations respectives.

Autour d'elle, on augmente les plaisirs, on travaille à leur réalisation, on congédie toute négativité possible. Elle célèbre le corps réel, sexué, la physiologie immanente, elle décrit l'amour comme une physique des émotions, une pathétique des sensations. Matérialiste, elle parle de tremblements, de sueurs, de battements de cœur, d'insomnies, d'amaigrissements, de fatigues corporelles, de langueurs, de frissons, de fièvre, de paralysie. Hédoniste, elle pratique pareillement les hommes et les femmes, la relation physique et le commerce des âmes. Sa physique du désir, sa logique du plaisir et sa théorie des agencements débouchent sur une esthétique païenne de l'existence à même de fournir des modèles pour aujourd'hui.

Ses poèmes célèbrent la musique, le chant, le

Théorie des agencements

maquillage, les vêtements précieux, les parfums rares, la danse et tout ce qui promeut un corps cultivé, raffiné, soucieux de considérer les pulsions et les impératifs de la libido, mais jamais oublieux de la nécessité d'une transfiguration de la nature en occasion de culture. La sexualité de la communauté saphique ne se vit pas sur le mode de l'Éros platonicien mais sur celui de l'Éros léger. Pas de séparation entre le corps et l'âme, pas de culpabilité ni de flatterie à l'endroit des pulsions de mort : l'amour, d'abord physique, se vit dans la simplicité de l'expression libre. La quantité ne l'intéresse pas, mais la densité, la qualité, la fine pointe de relation amoureuse qui concentre du temps magnifique, des durées magiques et des instants quintessenciés. La mort triomphe — qu'on aille donc jusqu'au bout des possibilités offertes par la vie, sans peur, sans crainte, sans angoisse, l'œil fixé sur l'horizon de la beauté activée.

On comprend sans difficulté pour quelles raisons la plupart des poèmes de Sappho disparaissent vraisemblablement dans les bûchers allumés par les moines de Constantinople. Restent de son œuvre quelques citations d'écrivains qui l'aimaient, un fragment de poterie avec quelques vers gravés et des morceaux de papyrus retrouvés en Égypte. Très peu, mais assez, toutefois, pour fournir à la tradition hédoniste le pendant des Théano, Perictoné, Phyntis et autres femmes pythagoriciennes représentatives de la tradition de l'idéal ascétique. Et suffisamment pour qu'on se propose de mettre en perspective l'hospitalité du thiase saphique et celle du Jardin épicurien.

Bien évidemment, les spécialistes des deux mondes — celui de la poétesse de Lesbos, celui du philosophe de Samos — crieront au scandale : puisque jamais on n'a proposé ce rapprochement, nul doute qu'il n'est pas fondé. Épicure, ni aucun de ses disciples, n'ayant semble-t-il fait référence à Sappho, la lettre faisant silence, il faut bien conclure à l'impossibilité de l'esprit. Lisons plutôt les deux œuvres, regardons les microsociétés électives, aristocratiques, contractuelles, éthiques, dans leurs fonctionnements, comparons les finalités esthétiques, au sens premier du terme, évitons le ridicule de faire d'Épicure un disciple de Sappho, mais avançons l'idée que pour ces deux figures l'amitié fournit la matière de toute intersubjectivité élective.

L'amitié avec soi-même, d'abord, car elle établit un préalable indispensable à toute théorie matérialiste et hédoniste de l'amour : ne pas se fâcher avec soi, ne pas entretenir de relations mortifères avec son intimité, ne pas célébrer dans son tréfonds les pulsions négatives de la haine ou du mépris dirigés vers sa chair, ne pas consentir aux violences retournées contre soi, ne pas se défigurer, se lacérer l'âme, ne pas croupir dans la macération morbide, le dégoût viscéral de son être, ne pas laisser prise aux machines de guerre judéochrétiennes que sont le sentiment de la faute, l'impression du péché, l'empire de la culpabilité, l'écharde dans la chair. Point de lendemain pour qui sacrifie à la croyance de la bête peccamineuse en lui et nourrit le gibier de potence incapable des contrats hédonistes dont entretient Diogène d'Œnanda. Car toujours, et sans aucune possibilité de rédemption, ce damné traîne derrière lui la trace visqueuse de la pulsion de mort avec laquelle il salit ceux qui, pour leur malheur, s'approchent de lui.

Seule cette hospitalité avec soi-même rend possible l'hospitalité avec autrui. Car seuls ceux qui s'estiment assez, et à leur juste valeur, peuvent envisager l'estime de l'autre et la construction d'une amitié — dont l'étymologie souligne paradoxalement la privation de soi qui permet la réali-

Théorie des agencements

sation de soi. Épicure théorise l'amitié avec soi-même et le rôle central de ce sentiment porté par les Romains à son point d'incandescence. Le contrat hédoniste, sur ce registre du sentiment amical, suppose une double exigence : vouloir la pulsion de vie et le seul commerce de ceux qui la veulent, éviter la pulsion de mort et la fréquentation de ceux qui la choient. Dans l'amitié, la compagnie affective suppose la cristallisation du positif et la pulvérisation du négatif, le désir de l'hospitalité érotique et la condamnation des compromissions avec Thanatos.

L'amitié réalise la bonne distance. Elle permet une relation dans laquelle, théoriquement, personne n'a à craindre de son semblable. La guerre congédiée, conjurée, refusée, la lutte des consciences de soi écartée, éloignée, la violence naturellement consubstantielle à toute intersubjectivité désamorcée, reste le projet possible d'une jouissance offerte, proposée, puis acceptée et réalisée, ou refusée et abandonnée. Mais toujours se vise la promotion d'un véritable art de jouir. L'amitié accomplit la sécurité affective contre le reste du monde où triomphent l'insécurité, le risque et la brutalité. Qu'alors les corps s'agencent selon les formes de leurs caprices pour établir des forteresses ontologiques et des havres de paix éthiques.

A défaut d'hospitalités construites dans les cercles éthiques, de microsociétés électives invisibles, fluides, mais néanmoins réelles, de contrats hédonistes effectifs, d'existences transfigurées par les passions positives, de pulsions de vie célébrées, sublimées, d'amitiés incarnées dans les plaisirs partagés, échangés ; à défaut de communautés de célibataires, de bonnes distances finement trouvées, de corps vécus sur le mode de l'Éros léger, de libertinage solaire, de sensualités immanentes, d'épicurisme pragmatique et plastique ; à défaut d'une éthique de la présence au monde dans le pur instant, d'une possibilité d'exacerber le souci de soi grâce à une arithmétique des émotions, de promouvoir la grâce ludique, de pratiquer une érotique volontariste, égalitaire et sensuelle; à défaut de prévenance, de douceur, de proximité, de tendresse, de chairs laïcisées, désacralisées, démystifiées, déchristianisées; à défaut d'une diététique des désirs, d'une physiologie des passions, d'une volupté des excès, d'une catharsis des affects — à défaut de tout cela, il reste l'immense rire des matérialistes à opposer aux menaces nihilistes et aux catastrophes annoncées. Rire, donc, puis passer son chemin.

Coda

MANIFESTE POUR LE ROMAN AUTOBIOGRAPHIQUE

Ironiste à souhait, Lucien de Samosate ne manque sûrement pas de songer à Platon quand il compose son propre *Banquet* quelque six siècles plus tard ou quand il fait se rencontrer dans d'autres dialogues insolents — *Timon ou le Misanthrope, Hermotime ou les Sectes* et *Le Songe ou le Coq* — des philosophes querelleurs et oublieux dans la vie de leurs propres principes doctrinaires. Mais autant le disciple de Socrate sculpte dans le marbre philosophique, autant le maître syrien du sarcasme semble écrire dans le vent des déserts orientaux. Car on se souvient peu du philosophe de Samos, coupable d'une violente déclaration de guerre aux dogmatiques, déjà verbeux et inutiles, qui professe une philosophie d'un genre cynique, drôle et roborative. Pourfendeur de mythes et de lieux communs, ennemi des dieux et des puissants, rieur des génuflexions du plus grand nombre, Lucien s'attaque aux travers éternels des philosophes, gens de tribus arrogants et sentencieux, forts en verbe mais souvent pauvres en actes.

Dans *Les Philosophes à l'encan*, il s'amuse à vendre quelques représentants de l'engeance à l'acheteur le plus offrant : un pythagoricien muet et au régime, un cynique pouilleux et agressif, menaçant et renfrogné, un stoïcien tondu à la mine sombre, faussement ingénu et hypothétiquement détaché, confit de syllogismes et spécialiste en solécismes, un cyrénaïque débauché et voluptueux, un philosophe qui rit, un autre qui pleure, Socrate en personne, promu babillard pédophile, un épicurien confit de pâtisseries au miel, un péripatéticien spécialiste en sexualité des huîtres et un sceptique indifférent à son sort de nouvel esclave. Parmi les spécimens proposés au marché, seul Aristippe de Cyrène ne trouve pas acheteur, aucun bailleur de fonds n'ayant les moyens de s'offrir une vie joyeuse.

Déjà le ton est donné : les philosophes apparaissent souvent comme des caricatures d'eux-mêmes, des bouffons qui jouent leur rôle, prisonniers de leurs mauvaises réputations. Mal lus, interprétés à la hâte, jugés à partir d'effets pervers amplifiés par de piètres disciples, les penseurs attirent le rire, appellent le quolibet et méritent souvent des verges pour qu'on les fouette. Première leçon donnée par Lucien de Samosate : les philosophes manifestent un réel talent pour construire des mondes extraordinaires, certes, mais inhabitables, magnifiques, mais désespérément inhospitaliers. Leurs fictions valent à la manière d'œuvres d'art, de peintures qui se jouent du réel et se nourrissent uniquement d'allégories et de fables. Premier procès, toujours d'actualité.

Le Banquet propose une deuxième leçon : les philosophes enseignent des vertus qu'ils se gardent bien de pratiquer, ils vendent des morales mais s'avèrent incapables de les activer. Soit à cause de leur nature intrinsèquement impossible à vivre, soit parce que les hommes qui s'en prévalent croupissent très en deçà des idéaux professés. Dans cet autre dialogue acerbe qu'il leur consacre, Lucien les met en scène dans un repas de mariage où les écoles hellénistiques essentielles sont représentées : stoïcisme, épicurisme, platonisme, aristotélisme, cynisme. Chez leur hôte, les philosophes se comportent comme les plus grossiers personnages. Ils se battent pour occuper la meilleure place et accéder aux meilleurs morceaux lors du service.

Pire : les prétendus sages se distinguent par leur inconséquence, leur incapacité à mettre en perspective leur théorie et leur pratique, leur doctrine et leur comportement. Certes, le cynique braille, arrose le sol de son urine, s'exhibe nu, boit sans soif et inconsidérément, se sert des plats sans respecter les usages, mais rien de très anormal pour un disciple de Diogène. En revanche, il n'accepte pas qu'un visiteur de passage use contre lui de l'ironie, de la provocation et de l'insolence, ces mêmes armes sans cesse fourbies et utilisées par lui contre quiconque croise son chemin.

Pour sa part, le péripatéticien féru de médiété et de vertu, de modération et de pondération, se fait remarquer en bâfrant, puis en tâchant d'acheter les faveurs d'un jeune esclave dissimulé dans un coin de la pièce ; le stoïcien, quant à lui, envoie son domestique en estafette pour porter une lettre au maître de maison et lui faire savoir qu'il n'est pas du tout vexé, mais pas du tout, de n'avoir pas été convié au banquet de mariage ; pendant ce temps, un autre stoïcien ronfle sous l'effet d'une sévère réplétion, l'épicurien lutine la joueuse de lyre, alors que le pythagoricien chante, un peu niais, mais très dévoué, des vers du maître ; le vin coule à flots, les attaques volent bas, les philosophes se reprochent mutuellement leurs doctrines et se disqualifient sans aucun répit. La violence verbale ne suffit plus. Le cynique entre en scène, puis assène des coups de bâton à tour de bras. Une coupe vole, manque son but, atteint le marié en pleine face et lui fend le crâne. Un œil est arraché, un nez tordu et découpé, un convive

reçoit un coup de pied dans les dents, la lumière
s'éteint, un philosophe en profite pour tâcher de
violer une danseuse, un autre pour voler de
l'argenterie. On évacue les blessés pendant que
l'épicurien discute avec le stoïcien abîmé et lui
demande s'il considère toujours la douleur comme
une bluette sans importance.

Nouvelle leçon offerte par Lucien de Samosate :
les philosophes trahissent une évidente inconséquence en montrant eux-mêmes le fossé qui
sépare leurs prêches sévères et leurs actes déré-
glés. La multiplicité des doctrines philosophiques
ne fait rien à l'affaire : aucune ne semble praticable, aucune n'est pratiquée, aucune ne rend
meilleur celui qui s'y adonne car les passions dont
les écoles proposent presque toutes l'éradication
ne cessent de mener le monde, du potier modeste
au penseur le plus arrogant, de l'ouvrier inconnu
dans son atelier de Samos au philosophe en vue
professant sur l'agora d'Athènes. Certes les dialogues de Lucien relèvent du genre théâtral et fictif, mais la scène permet sans aucun doute de
quintessencier ce qui se constate dans la vie cou-
rante aux temps contemporains de l'écriture du
dialogue — comme dans ceux qui suivent.

Des siècles plus tard, le vice perdure : tel philosophe enseigne les vertus de modestie, de simplicité et d'humilité, puis pratique en orgueilleux
notoire ; tel autre professe une rigoureuse morale
de l'intention, mais excelle dans l'arrivisme éche-
velé ; un troisième revendique la posture critique
et éthique, puis monnaie en complice appointé ses
conseils aux grands, aux puissants et au prince
sans foi ni loi ; un autre prophétise le nihilisme
généralisé sans pour autant négliger les diété-
tiques narcissistes qui assurent sa survie voluptueuse avant la déflagration annoncée ; en regard
de l'actualité, un dernier exhorte ses concitoyens
avec véhémence à manifester des convictions radi-

cales, à déclarer l'engagement nécessaire, à décréter le combat impérieux sur les terrains éthiques et politiques tout en épousant les seules convictions, les uniques engagements et les exclusifs combats nécessaires à la plus grande visibilité médiatique. Nombre de philosophes d'avant-hier, d'hier et d'aujourd'hui disent, puis agissent à l'inverse. Deuxième procès, lui aussi d'actualité.

Outre l'art de briller dans la fabrication de fictions creuses ou celui d'exceller dans l'inconséquence théorique, le personnage conceptuel de Lucien passe pour un homme absolument déconnecté du réel — à la manière de Thalès, spécialiste en éclipses et méridiens, en zodiaques et solstices, calculateur des hauteurs de pyramides avec leur seule ombre, certes, mais qui, le nez perdu dans la voûte étoilée d'une nuit attique, ne voit pas le puits ouvert sous ses pas et s'y précipite. Assistant à la mésaventure, une servante thrace, bien moins savante, mais sûrement plus avisée que l'homme de Milet, rit à gorge déployée. Le philosophe excelle d'autant mieux dans les spéculations célestes, lunaires et transcendantes qu'il ignore tout du terrestre et de ses logiques immanentes. Troisième leçon, troisième procès — toujours à l'ordre du jour.

Que conclure ? Qu'il faut jeter la philosophie, les philosophes et leurs jeux d'enfants ? Qu'on serait bien inspiré de ne prêter aucune oreille attentive à leurs discours séduisants, mais vides, attractifs, mais creux ? Ou que, quinze siècles avant que l'idée fasse fortune, Lucien inaugure la méthode cynique et subversive du penseur convaincu que se moquer de la philosophie c'est réellement philosopher ? J'opte pour cette option du philosophe ironiste capable de moquer les travers des sectateurs de sagesses hellénistiques pour mieux aimer et servir la philosophie, la rendre plus efficace, plus acérée, la purifier de ses scories et de ses travers. Dans une perspective dialectique, cette négation du négatif vise moins la disparition de l'objet philosophique que sa reconsidération positive. Le projet se propose l'affirmation nouvelle d'une discipline plus soucieuse de produire des effets dans le réel et plus efficace sur ce terrain.

Lucien raille les philosophes par amour de la philosophie et désir de pensées viables, praticables et effectives. Contre les condamnations classiques de son œuvre pour défaut d'épaisseur théorique ou manque de consistance dogmatique, les dialogues du penseur de Samos me donnent l'impression de rendre possible une éthique de la philosophie dont ses acteurs ne devraient jamais se départir. Après lui, comment encore oser avancer des théories impraticables, des fables autistes, des absurdités théoriques, des logomachies spécieuses ou des sottises conceptuelles ? Sinon pour attirer sur soi le ridicule et la condamnation. Après ce banquet sanglant et arrosé, hystérique et farcesque, après ces philosophes déconsidérés, comment proposer encore des doctrines sans viser d'abord leur application, leur nature pragmatique ? Sinon à se contenter de pratiquer la philosophie en mathématicien arrangeur de concepts, en géomètre tenté par le dessin de figures impossibles ?

Qu'advienne donc l'heure du philosophe conséquent, du penseur responsable et positif qui revendique la cohérence des démarches et veut prioritairement pointer dans une existence les effets d'une théorie. Qu'on puisse donc enfin constater dans l'élaboration d'un monde de concepts le poids d'une vie et l'épaisseur d'une biographie. Il en va de la probité même de la démarche. Je n'imagine pas la philosophie sans la vie philosophique, et la vie philosophique sans le roman autobiographique qui l'accompagne, la rend possible et témoigne de l'authenticité du projet. Une existence doit produire une œuvre exactement comme en retour une œuvre doit générer une existence. Dans cet ordre d'idées, l'anecdote accède au rang de preuve de l'effectivité du projet existentiel.

D'où ma passion pour le projet réellement généalogique de Diogène Laërce qui, parmi d'autres doxographes, collectionne la vie, les sentences, les opinions, les fragments, les petites histoires et les grandes doctrines des philosophes de l'Antiquité. Non pour le plaisir de la simple historiette mais pour ce que le détail permet de savoir du général, un peu à la manière dont le morceau de poterie peut enseigner et révéler à l'archéologue la totalité de la forme du récipient. La vie quotidienne du philosophe, ses faits et gestes, son enfance, sa formation, ses bons mots, ses enseignements, ses cours, ses parents, ses thèses majeures, ses amis, ses habitudes, ses voyages, ses écrits, ses disciples, ses manies, ses agissements, son régime alimentaire, son vêtement, sa réputation, ses derniers mots, sa mort : tout contribue à la formulation détaillée du roman autobiographique nécessaire à la compréhension du texte, du système et de la vision du monde de l'individu portraituré.

Pythagore enseigne-t-il la nécessaire pureté, la métempsycose, la métensomatose, la diététique ontologique ? On le croise tout de blanc vêtu, se refusant à consommer de la chair animale ou bannissant radicalement la fève de son régime alimentaire au point que, poursuivi par un jaloux décidé à le tuer, il s'arrête devant un champ du légume philosophique, se refuse à le traverser pour n'avoir pas à le fouler ni à transgresser l'interdit — bien mal lui en prend, car il en meurt ; Aristote raconte-t-il les parties des animaux, la génération et la corruption, cherche-t-il l'ordre du monde, les principes et les causes, les logiques et les mécanismes qui animent le vivant et la nature ? On le retrouve affairé à une table de dissection improvisée sur laquelle il fouille de sa lame les entrailles d'un caméléon sûrement sollicité pour sa chromomanie ; Aristippe professe-t-il le plaisir radical, la volupté généralisée ? On l'aperçoit dansant sans retenue, parfumé, emperlousé, vaguement ivre, vêtu en femme, joyeux drille dans un banquet, transformant sans cesse et dans le détail son existence en dithyrambe à Dionysos ; Diogène affirme-t-il le bien-fondé de l'insolence, de la provocation, de l'ascèse, de l'ironie, de la pauvreté, du dépouillement ? On le voit dans les rues de Corinthe ou d'Athènes compisser la place publique, y chevaucher une disciple férue de travaux pratiques, s'y masturber, lâcher des pets, traîner un hareng derrière une ficelle, se débarrasser de son écuelle après avoir vu un enfant boire dans ses mains, ou loger chichement dans une amphore abandonnée ; Pyrrhon se fait-il fort de prêcher le détachement radical, l'indifférence généralisée, le scepticisme outrancier ? On le surprend bichonnant son cochon avant de le conduire au marché, ignorant un ami qui se noie et demande secours, ou continuant seul la conversation abandonnée par un interlocuteur prestement décanillé ; Épictète vante-t-il les mérites de la volonté appliquée à la douleur ou les pouvoirs absolus du vouloir sur les affects ? On le découvre impassible devant le sadisme de son maître occupé à lui tordre la jambe afin d'expérimenter la validité du propos de son esclave, et qui s'entend dire « je te l'avais bien dit » quand finalement craquent les os du héros des Préférables ; Épicure, enfin, célèbre-t-il les vertus de la frugalité, de la satisfaction des désirs naturels et nécessaires, sans ostentation, en refusant toute forme de luxe ? On le voit sobrement au Jardin consommant un petit pot de fromage avec un morceau de pain sec.

Tous ces philosophes antiques ont en commun de pratiquer ce qu'ils enseignent, d'agir conformément à leurs discours, parfois jusqu'à en mourir. D'aucuns dissertent sur l'authenticité de ces anecdotes plusieurs fois utilisées à propos de différents philosophes ; ils doutent du suicide d'Empédocle dans l'Etna, de la capacité d'un Démocrite matérialiste et atomiste à percevoir avec son seul nez les effluves qui distinguent au petit matin d'une nuit d'amour l'ancienne vierge et la nouvelle femme — bien que n'étant pas partie prenante dans la métamorphose ; ils récusent la mort de Diogène en relation avec l'ingestion d'un poulpe cru ou la morsure d'un chien furieux, l'emblème de l'école cynique ; ils hochent la tête devant l'immense cataplasme de bouse de vache sous lequel s'enfouit Héraclite malade, mais convaincu de l'excellence des principes d'une médication des humeurs pour soigner son hydropisie ; ils contestent, mais ne disposent pas de moyens sûrs pour affirmer, confirmer, ou faire la lumière sur les questions de vérité, véracité, vraisemblance et authenticité de ces informations.

Peu importe, finalement, le caractère avéré ou fictif de ces histoires, leur statut de narration fiable ou leur fonction d'édification spirituelle. La leçon à retenir des doxographes antiques n'en demeure pas moins que la vie et l'œuvre fonctionnent sur le principe de l'avers et du revers de la même médaille, que, de manière fractale, chaque détail renseigne sur la nature du tout, qu'une anecdote récapitule la totalité d'une démarche, que la vie philosophique nécessite, voire exige, le roman autobiographique, qu'une œuvre présente de l'intérêt seulement si elle produit des effets dans le réel immédiat, visible et repérable. Les petites histoires quintessencient la doctrine, la ramassent en des formes facilement mémorisables, elles synthétisent la théorie et théâtralisent la pensée — qui montre ainsi sa vivacité et sa vitalité.

Dans le détail de la vie quotidienne du penseur le roman autobiographique s'écrit à la manière d'un travail philosophique. La grammaire de ce projet suppose l'exercice spirituel qui procède d'un volontarisme éthique. Ces exercices, dans la philosophie antique, concernent toutes les écoles philosophiques, sans exception. Ils en appellent pareillement au corps et à l'âme. Parmi eux : la vigilance mentale et le projet cathartique, l'élection de l'essentiel et l'éviction de l'accessoire, le régime alimentaire et la diététique de l'esprit, la tension mentale et le souci de soi, la mobilisation radicale et l'esthétique généralisée, le bilan existentiel régulier et le dialogue avec autrui, la sculpture de soi et l'art de jouir, la méditation élargie et la lecture méthodique, les pratiques mnémotechniques et les mécanismes rhétoriques.

L'ensemble de ces exercices spirituels traverse ma *Théorie du corps amoureux* : pratiquer avec vigilance, tension et mobilisation en tenant intimement nouées et serrées les conclusions théoriques sur ce problème de la relation sexuée et les expérimentations concrètes dans le détail de sa vie quotidienne ; consentir à la catharsis sur le terrain ontologique en redéfinissant l'amour comme occasion d'épuiser de puissantes énergies dans une dépense complice ; viser l'essentiel en se polarisant sur ce qui permet de créer, maintenir et sauver son indépendance, son autonomie et la possibilité d'agir sans contraintes ; écarter l'accessoire en s'attaquant aux instances qui entravent la libre disposition de soi-même — travail, famille, patrie et autres fausses valeurs ; activer une diététique spirituelle en pratiquant régulièrement la dissociation d'idées, notamment celle qui permet de faire fonctionner de manière autonome et déliée les registres de l'amour, du mariage, de la fidélité, de la monogamie, de la cohabitation, de la procréation ; réaliser une esthétique généralisée en inscrivant son existence, notamment sur le registre des relations affectives avec autrui, dans le théâtre intégral d'un projet existentiel, envisager ponctuellement un bilan en se demandant à des moments réguliers de son existence à quel endroit on se trouve dans son cheminement vers la construction d'une érotique solaire ; dialoguer en échangeant ses idées, en confrontant ses avis, en expérimentant ses points de vue avec les acteurs impliqués dans notre intersubjectivité sexuée ; rester fidèle à l'idée générale d'un art de jouir en radicalisant le projet hédoniste dans le domaine du corps amoureux ; méditer en lisant, pensant, réfléchissant, et en nourrissant précisément une écriture sur ces questions.

Dans la perspective des usages de la raison rhétorique et des secours mnémotechniques, je voudrais en appeler au quadruple remède épicurien (il n'y a rien à craindre des dieux ; ni de la mort ; on peut atteindre le bonheur ; et supporter la douleur) concocté pour permettre aux impétrants et aux activistes du Jardin de se souvenir en permanence, en tous lieux et en toutes circonstances, de l'essentiel du corpus salutaire à l'aide de quelques mots et de deux ou trois formules. D'où une proposition de réduction des acquis de ce livre qui s'achève en un genre de moderne *tetrapharmacon* formulé pour l'occasion.

Première proposition : *le réel est atomique*, mécanique et redevable d'une exclusive justification matérialiste. Ses formes procèdent d'une inextricable complexité, certes, mais finalement ses effets se repèrent assez facilement. Conséquences : le désir, aux antipodes du manque à combler, procède de l'excès exigeant débordement ; l'exercice du plaisir, loin de générer une tyrannie dommageable, procure l'épanouissement consubstantiel aux périls conjurés ; l'amour dégagé de l'obsession fusionnelle du couple autorise la purgation pulsionnelle des individus ; la chair et le corps, lavés et blanchis des condamnations judéo-chrétiennes, se peuvent envisager sur un mode érotique enfin serein.

Deuxième proposition : *le vitalisme est nécessaire*, impérieux et procède d'une radicale esthétique de l'énergie. Conséquences : l'inéluctabilité de l'entropie, de la mort et de la dégénérescence du vivant, entamée dès son frémissement premier, oblige à l'élaboration d'un hédonisme volontariste et ludique ; l'idéal ascétique chrétien de consentement et d'accélération des puissances négatrices de la vie fait place à l'idéal païen épicurien d'une existence voué au culte permanent des forces qui résistent à la mort ; toute fixité, toute rigidité des sentiments coagulés dans l'immobilité de formes socialement promues se conjure par la mobilité perpétuelle des émotions en de mutuels agencements capricieux ; la pulsion de mort dressée depuis près de vingt siècles pour triompher sans partage laisse place à la pulsion de vie ingénieusement modulée pour soi et pour autrui.

Troisième proposition : *le plaisir est réalisable*, nécessaire, urgent et sans aucune relation avec les forces sombres, les parts maudites et les pulsions nocturnes, contrairement aux lieux communs véhiculés par les tenants de la haine de soi. Conséquences : on évite d'engager sa confiance sur des projets utiles au collectif, au tribal, au social, à l'État, mais nuisibles et préjudiciables aux individus ; l'agencement familial et ascétique, mortifère à souhait, négateur de l'autonomie la plus élémentaire, disparaît au profit d'un contrat libertaire et hédoniste, voluptueux et affirmateur des jubilations essentielles ; les logiques naturelles de l'instinct et des pulsions débridées, puis inscrites dans les formes conformistes et consuméristes, laissent place aux options culturelles de l'artifice et du pacte volontariste inscrits dans des formules inventives et joyeuses.

Quatrième proposition : *le négatif est conjurable*, repérable, détestable et destructible. Il sape dans l'ombre des vertus qui rapetissent, des valeurs thanatologiques et des invites compulsives à détruire, casser, briser, salir, déconsidérer. Partout il œuvre là où fermentent haine de soi, haine d'autrui, haine du monde et de la vie. Conséquences : on évite les idéologies qui focalisent sur les modèles dominants en matière d'intersubjectivité sexuée pour promouvoir toutes les combinaisons possibles et imaginables, pourvu qu'elles procèdent d'un double et libre consentement ; toutes les dominations, toutes les formes belliqueuses, toutes les complexions inscrites sous le signe de la violence, hors agrément mutuel, laissent place à des invites féministes, libertaires et positives.

Les exercices spirituels supposent également la possibilité d'en appeler à la lecture. Dans le projet de méditation élargie, et dans la perspective du souci de soi réflexif, elle tient une place majeure. Ainsi, je ne conçois pas l'écriture autrement que comme trace et témoignage du travail entre soi et soi effectué par le philosophe désireux d'aspirer à la sagesse. En ce sens mon modèle reste Marc-Aurèle dont les *Pensées pour moi-même* quintessencient et ramassent l'exercice spirituel. Le stoïcisme me plaît pour ce souci de soi sans cesse réitéré. Il s'appuie sur une partition de soi entre une force qui informe et une matière informée, entre un acteur et une figure, un agent et une forme, un sujet et un objet, une identité en puissance et un tempérament en acte, le ciseau et le marbre. Avec l'Empereur philosophe, l'écriture philosophique coïncide absolument avec l'écriture de soi. L'exercice du roman autobiographique se superpose très exactement à la doctrine. L'œuvre, c'est autant le livre que la vie.

Écrire suppose donc moins s'inscrire dans un processus marchand d'opportunité littéraire que tâcher de résoudre pour soi un certain nombre de problèmes rencontrés dans son propre travail d'ascèse philosophique. Le livre ne doit pas problématiser plus que nécessaire, mais seulement poser la question qu'on entend résoudre ; puis formuler les réponses, les solutions, les hypothèses utiles au dépassement du questionnement. Fi donc des ouvrages encombrés de tentatives labyrinthiques pour essayer de comprendre ce qu'on se propose d'examiner. Qu'advienne l'écriture positive, et non plus interrogative. Que triomphe le propos affirmatif en lieu et place de la quête dubitative. Les maîtres de sagesse excellent moins dans la ficelle dialectique que dans le marteau assertif.

Ensuite, le livre permet une proposition à destination d'autrui — autre façon de pratiquer l'exercice spirituel de la lecture : promouvoir la circulation d'énergie, de forces et d'idées supposée dans l'entreprise littéraire. Les pages d'abord destinées à mon propre usage, afin de clarifier ou de résoudre mes problèmes, s'offrent à la lecture non pas d'un alter ego, mais d'une semblable conscience inquiète, interrogative et soucieuse. La narration d'un roman autobiographique doit entrer en interférence positive avec une subjectivité elle aussi désireuse de sens. La lecture suppose ce dialogue silencieux et nécessaire à l'induction du mouvement éthique.

Les pensées impériales écrites sous une toile de tente à la frontière des pays barbares — chez les Quades, au bord du Granua, ou à Caruntum en Pannonie, la Hongrie et l'ex-Yougoslavie — produisent pendant plus de quinze siècles de réels effets de stoïcisme. Elles induisent des exercices spirituels et des sagesses païennes alternatives aux modèles dominants, puis sollicitent des âmes fatiguées, trempent des tempéraments dans un acier exceptionnel, apportent de la sérénité, fournissent des occasions de paix intellectuelle, rassérènent devant les trahisons, la mort, la maladie, la souffrance. Les *Maximes* et les *Sentences* d'Épicure, les *Lettres à Lucilius* de Sénèque ou les *Entretiens* et le *Manuel* d'Épictète diffusent le même cordial au travers des siècles : l'écriture d'un roman autobiographique singulier suppose la lecture de romans autobiographiques exemplaires. Ainsi, des siècles entiers se sont constitués, structurés et vivifiés avec les *Vies des hommes illustres* de Plutarque qui mettent en scène des modèles de vertu, des lignes de force morales, des archétypes héroïques, des trames serrées pour des existences en quête de points de repère en dehors du cadre strict des religions.

Une sagesse contemporaine peut s'appuyer sur une pareille logique : réactiver le monde d'avant le christianisme et de la culpabilité, d'avant la faute et de la haine de soi généralisée, réinjecter une vitalité furieuse dans les sagesses hellénistiques et romaines, jouer Athènes et Rome contre Jérusalem, le paganisme du Jardin philosophique contre le catholicisme de l'Église apostolique. Sur le terrain existentiel charnel, tel que l'envisage cette *Théorie du corps amoureux*, les exercices spirituels invitent à la promotion d'un érotisme solaire, d'un vitalisme ludique et d'une pathétique joyeuse. Le tout se propose la réalisation de l'antique projet épicurien : jouir du pur plaisir d'exister.

BIBLIOGRAPHIE

CHRONOLOGIE DES AUTEURS ET DES ŒUVRES CITÉS DANS L'OUVRAGE

*En gras, les auteurs qui, à mes yeux,
illustrent la tradition de l'idéal féminin;
des dates comme toujours dans l'Antiquité,
approximatives ou indicatives, à défaut d'être certaines*

Intemporelles: au VII⁰ siècle avant Jésus-Christ

La Déesse de la Genèse, dans la Bible, E. Osty, Seuil (1972), anonyme attribué à Moïse; puis celle de Yima à l'époque d'Homère, trad. R. Flacelière, La Pléiade, Gallimard, 1955, permet d'aborder à ses premières heures l'opposition séculaire et toujours déchirante entre Jérusalem et Athènes.

VII⁰-V⁰ siècles avant Jésus-Christ

Sappho de Lesbos, poétesse attire une école de rencontre, de danse, de conversation où la vie et l'art se confondent, Sappho, tr. Osth, Œuvres complètes, éd. P. Versnier, Aubier, 1991. Archiloque de Paros (milieu du VII⁰ siècle), poète, soldat à dégoût, versifie la colère. On le retrouve dans *Fragments*, éd. A. Bonnard et Lasserre, Les Belles Lettres, 1968. Pythagore de Samos et son école — dont les fameux *Theano*, Paris, dont *Pivots* qui ont laissé des *Fragments et Lettres*,

BIBLIOGRAPHIE

Reliefs du rat de bibliothèque

CHRONOLOGIE DES AUTEURS ET DES ŒUVRES CITÉS DANS L'OUVRAGE

En gras, les auteurs qui, à mes yeux,
illustrent la tradition de l'idéal hédoniste.
Les dates, comme toujours dans l'Antiquité,
sont probables ou indicatives, à défaut d'être certaines.

Antérieurement au VIIe siècle avant Jésus-Christ

La lecture de la Genèse, dans la Bible, E. Osty, Seuil, 1973 (anonyme attribué à Moïse), puis celle de l'*Iliade* et l'*Odyssée*, d'Homère, trad. R. Flacelière, La Pléiade, Gallimard, 1955, permet d'aborder à ses premières heures l'opposition séculaire et toujours d'actualité entre Jérusalem et Athènes.

VIIe-VIe siècles avant Jésus-Christ

Sappho de Lesbos, poétesse, anime une école de versification, de danse, de conversation où la vie et l'art se confondent. Sappho, *Le Désir. Œuvres complètes*, trad. F. Vervliet, Arléa, 1993. Archiloque de Paros (milieu du VIIe siècle), poète, auteur d'élégies, versifie la cochonne. On la retrouve dans *Fragments*, éd. A. Bonnard et F. Lasserre, Les Belles Lettres, 1968. Pythagore de Samos et son école — dont les femmes Théano, Péricationé, Phyntis qui ont laissé des *Fragments et Lettres*,

248 *Théorie du corps amoureux*

trad. M. Meunier, L'Artisan du Livre, 1932 — acclimatent la pensée orientale en Occident et formulent un idéal dans lequel Platon puise abondamment. Le dira-t-on jamais assez ? Ésope le Phrygien (620-560) rédige ses *Fables*, trad. E. Chambry, Les Belles Lettres, 1967, et néglige gravement le hérisson.

viᵉ-vᵉ *siècles avant Jésus-Christ*

Constellation des philosophes présocratiques dont Thalès de Milet, qui refuse la paternité, Parménide d'Élée et Empédocle d'Agrigente (483-423) qui s'excitent sur la sphère comme modèle de perfection, et Héraclite qui recourt au cochon dans deux ou trois fragments. **Leucippe** (460-370) invente l'atomisme matérialiste, **Démocrite d'Abdère** (vers 460) s'en inspire abondamment et rédige un *Grand Système du monde* puis de très nombreux autres traités. Tous les matérialismes, peu ou prou, procèdent de cette tradition plus de deux fois millénaire. On se reportera à l'ouvrage de référence : *Les Présocratiques*, trad. J.P. Dumont, La Pléiade, Gallimard, 1988. Le volume permet de lire ce qui reste de Pythagore et de ses suivants — Hippodamos de Milet, Damon l'Œthien, Polyclète de Sicyone, Archytias de Tarente —, mais aussi de Leucippe, de Démocrite, de Thalès, d'Empédocle, de Parménide et d'Héraclite. On y trouve également les fragments d'Aetius, d'Alexandre d'Aphrodise et de Simplicius sur la sphère. Pour savoir comment l'on devient ce que l'on est, voir Pindare (518-438), *Pythiques*, trad. A. Puech, Les Belles Lettres, 1966.

vᵉ-ivᵉ *siècles avant Jésus-Christ*

Socrate (469-399) officie à Athènes et génère des disciples atypiques qu'on pourrait dire matérialistes, athées et hédonistes dont **Diogène de Sinope** (404-323), le promoteur du poisson masturbateur et du premier bestiaire philosophique conséquent, voir la somme sur ce sujet : *Les Cyniques grecs, Fragments et témoignages*, trad. L. Paquet, Éditions de l'Université d'Ottawa, 1975, et **Aristippe de Cyrène** (435-350) l'inventeur du plaisir. Platon (427-347) confisque Socrate pour les besoins de sa cause. Dans *La Répu-*

Bibliographie   249

blique (entre 389 et 369), il promeut la nécessaire subsomption de l'individu sous le registre étatique ; dans *Le
Banquet* (384) il met un carrelet dans la bouche d'Aristophane et associe le désir au manque ; dans *Les Lois*
(353) il codifie la vie privée, la sexualité, les sentiments,
les émotions et les affections individuelles au profit de
l'État qu'il appelle de ses vœux ; dans le *Timée*, il donne
sa lecture du monde, du réel, et s'approprie l'idéal
pythagoricien de métempsycose qu'il exploite à nouveau dans le *Phédon* ; dans *Le Sophiste* (353) il oppose
« les Fils de la Terre » et « les Amis des Formes ». Se
reporter aux *Œuvres complètes*, tomes I et II, trad.
L. Robin, La Pléiade, Gallimard, 1950. Il inaugure ainsi
une guerre philosophique toujours active et encore
d'actualité. Après Hippocrate de Cos (460-370) qui formule le concept de catharsis (purgation) sur le terrain
médical dans « De la maladie sacrée », § 5 in *Œuvres*,
trad. J. Jouanna, Les Belles Lettres, tome 10.2, 1983,
Aristote (384-322) recycle la notion dans sa *Poétique*
(344), trad. R. Dupont-Roc et J. Callot, Seuil, 1980. Puis
il récidive dans *La Rhétorique*, trad. M. Dufour et
A. Wartelle, Les Belles Lettres, 1973. Lui aussi disserte
sur la sphère, modèle de perfection, dans *Traité du ciel*,
trad. J. Tricot, Vrin, 1949. Voir aussi, pour la question
de l'organisation du foyer et celle de la place donnée
aux femmes par les penseurs mâles, *Les Économiques*,
trad. J. Tricot, Vrin, 1993 — se reporter à la préface
pour les problèmes d'attribution. Il rédige également
une passionnante *Histoire des animaux*, trad. J. Tricot,
Vrin, tomes I et II, 1967, où l'on apprend tout sur tout,
notamment sur la couleur du sperme des Noirs ou la
façon qu'ont les hérissons de copuler. Xénophon (428-
354), philosophe socratique, publie *Les Économiques*
(361), premier traité d'économie domestique où il théorise pour la femme le rôle de la maîtresse de maison.
Voir *Œuvres complètes*, tome II, Garnier, 1967.

IIIe siècle avant Jésus-Christ

Épicure (341-271) formule une philosophie eudémoniste susceptible d'être lue de manière hédoniste par
ses suivants, notamment les poètes du Cénacle de Campanie. Il polémique, sans le préciser ouvertement,
contre le refus du plaisir tel qu'il apparaît dans le *Phi-*

250   *Théorie du corps amoureux*

lèbe de Platon et contre la conception radicalement
hédoniste des Cyrénaïques. Il écrit à ses disciples **Héro-
dote, Pythoclès, Ménécée** et devient un maître à penser dans nombre d'écoles du Bassin méditerranéen où
l'on enseigne pieusement son œuvre : Grèce, Asie
Mineure, Italie, Égypte. On utilisera l'excellente édition
et traduction des *Lettres et Maximes* d'Épicure par
M. Conche, P.U.F., 1987. **Métrodore de Lampsaque**
(330-277) est le plus cher ami d'Épicure. On peut le lire
dans les *Sentences vaticanes*, LI, Balandé.

1ᵉʳ siècle avant Jésus-Christ

Lucrèce (98-55) écrit *De la nature des choses*, trad.
A. Ernout, tomes I et II, Les Belles Lettres, 1975, vraisemblablement vers la moitié du 1ᵉʳ siècle avant notre
ère. Ce poème atomiste et matérialiste, outrageusement
démystificateur, reste lisible dans son éternelle actualité. La lecture croisée d'Épicure et de Lucrèce inspire à
des degrés divers, mais très nettement, les élégiaques
romains qui proposent un épicurisme hédoniste plutôt
en rupture avec l'épicurisme ascétique du Maître, bien
que paradoxalement fidèle à la lettre et à l'esprit. A Herculanum, le Cénacle de Campanie réunit **Philodème
de Gadara**, (110-40), *Anthologie grecque, Anthologie
palatine*, première partie, livre V, tome II, trad. P. Waltz
et J. Guillon, Les Belles Lettres, 1928, **Siron**, le Maître
de Virgile, **Démétrius, Zénon de Sidon** (150-75).
Catulle (87-54), *Poésies*, trad. G. Lafaye revue par
S. Viarre, Les Belles Lettres, 1992, **Tibulle** (55-19), *Élégies*, trad. M. Ponchon, Les Belles Lettres, 1989, et **Properce** (50-16 ap.), *Élégies*, trad. S. Paganelli, Les Belles
Lettres, 1929, proposent, en vers, une théorie païenne
du corps amoureux. Entre 42 et 14, **Horace** (65-8),
habitué du Cénacle de Campanie, écrit des *Odes et
Épodes*, trad. F. Villeneuve, Les Belles Lettres, 1970, des
Satires, *idem*, 1969, des *Épîtres*, *idem*, 1967, dans lesquelles, entre autres, il formule une théorie de l'instant,
une éthique joyeuse, une esthétique des loisirs, et une
métaphysique de l'amitié avec soi-même. On lui doit la
paternité des « pourceaux d'Épicure ». **Virgile** (70-19)
disserte de manière encyclopédique sur les abeilles
dans son poème les *Géorgiques* (28 av.), trad. M. Rat,
Garnier, 1967. Pour sa part, **Ovide** (43-17 ap.), le plus

grand à mes yeux sur le sujet qui nous retient, avec Horace, propose un ouvrage majeur pour la philosophie du libertinage avec *L'Art d'aimer*, suivi de *Les Remèdes à l'amour* et *Les Produits de beauté pour le visage de la femme*, trad. H. Bornecque, Les Belles Lettres, 1924 et 1930. On lira aussi avec le même bonheur *Les Amours*, trad. H. Bornecque, revu par J.P. Néraudau, Les Belles Lettres, 1997. Puis, par affection et intérêt pour la personne, *L'Exil et le Salut* qui comprend *Tristes* et *Pontiques*, trad. C. Labre, Arléa, 1991. On y apprendra les douleurs de l'exil d'un poète écarté de Rome soit pour avoir écrit *L'Art d'aimer*, soit pour d'autres raisons demeurées obscures jusqu'à aujourd'hui — l'appartenance à une secte proscrite ? la participation à des cultes interdits, notamment pythagoriciens ? une option politique incompatible avec le caprice impérial du moment ? On ne sait pas et l'on risque maintenant de ne plus jamais savoir, Ovide ayant toujours refusé de dire pour quel motif on l'avait exilé. Quant à Phèdre (15-50 ap.), il oublie, lui aussi, comme ses pairs fabulistes, le hérisson dans ses *Fables*, trad. A. Brenot, Les Belles Lettres, 1924.

Ier siècle après Jésus-Christ

En l'an 33 de notre ère, Jésus de Nazareth se fait crucifier sous Ponce Pilate sur le Golgotha. Prémices de basculement du paganisme et origine du christianisme, furieuse idéologie rassemblant des contempteurs du corps, de la chair, des désirs et des plaisirs. L'idéal juif de l'Ancien Testament associé à l'idéal évangélique du Nouveau Testament inaugure sur la planète l'ère de la haine de soi et du monde. Paul de Tarse (15-68) devient le voyageur de commerce de l'idéologie nouvelle. Converti, ancien persécuteur très actif, il prêche partout dans le Bassin méditerranéen et laisse de nombreuses Épîtres destinées aux Thessaloniciens, aux Éphésiens, aux Romains, aux Galates, aux Hébreux. Pour en découvrir le contenu, reprendre La Bible, *op. cit.* Paul y consacre la haine du monde et ne vit plus que pour l'hystérie d'un ciel idéal. Sur le mode païen, Plutarque (46-120), philosophe platonicien, formule un idéal très proche du christianisme : *Préceptes de mariage*, et autres petits textes extraits des *Œuvres*

252   *Théorie du corps amoureux*

morales, tome I, trad. Ricard, Lefèvre éd., 1844. Voir également les *Dialogues sur l'amour*, fort stratégiquement titrés *Erotikos* par l'éditeur, trad. C. Zielinski, Arléa, 1995. La lecture des *Vies des hommes illustres* permet d'opposer les vertus d'Athènes et Rome à celles de Jérusalem, trad. Amyot, éd. G. Walter, La Pléiade, Gallimard, tomes I et II, 1951. Afin de prendre connaissance des arguments avancés par Plutarque contre les philosophes eudémonistes du Jardin, on se reportera à *Contre l'épicurien Colotès* et *On ne peut vivre, même agréablement, en suivant la doctrine d'Épicure*. Lire aussi *S'il est vrai qu'il faille mener une vie cachée*. Ces trois textes sont groupés dans *Du stoïcisme et de l'épicurisme*, trad. Ricard, Sand, 1996. On lira aussi *Quels animaux sont les plus avisés, ceux de la terre ou ceux de l'eau?*, dans le *Traité pour les animaux*, trad. Amyot, P.O.L, 1992. Méditer également les *Lettres à Lucilius* de Sénèque (4 av.-65 ap.), un monument dans le genre du roman autobiographique, trad. H. Noblot, revue par P. Veyne, Robert Laffont, 1993. Pour enrichir ses connaissances sur le bestiaire philosophique, et plus particulièrement pour augmenter son savoir sur l'éléphant, on se reportera à Pline l'Ancien (23-79) et à son *Histoire naturelle*, trad. J. Beaujeu, Les Belles Lettres, 1950.

IIe siècle après Jésus-Christ

Sale époque pour la philosophie : elle disparaît au profit de la théologie et des discours de la patrologie grecque et latine. Tertullien (160-225) écrit *A son épouse* (199), trad. C. Munier, 1980, puis *Exhortations à la chasteté* (203), trad. J.C. Fredouille, Cerf, 1985, enfin *De la monogamie* (214), trad. P. Mattei, Cerf, 1988. Il commente les Épîtres pauliniennes comme presque tous ceux qui se mêlent de philosopher en chrétien à cette époque. **Diogène d'Œnanda**, épicurien d'Asie Mineure, fait construire dans le cœur de sa cité un immense mur sur lequel il fait graver les préceptes de son Maître à destination des passants. On y peut vraisemblablement lire une Lettre d'Épicure à sa mère — dont certains affirment qu'elle est un envoi de Diogène d'Œnanda à sa propre mère. *La Philosophie épicurienne sur pierre. Les fragments de* Diogène d'Œnanda, trad.

Bibliographie 253

A. Étienne et D. O'Meara, Cerf-Éditions universitaires de Fribourg, 1996. L'excellent Pierre Hadot, pour sa part, date l'inscription de 30 avant notre ère! Voir l'œuvre complète de ce professeur au Collège de France, dont *Exercices spirituels et Philosophie antique*, Institut d'études augustiniennes, 1993. Élien de Préneste écrit un *Traité sur la nature des animaux* rempli d'anecdotes utiles pour enrichir un bestiaire. Voir *Histoire variée*, trad. A. Lukinovitch et A.F. Morand, Les Belles Lettres, 1991. Marc Aurèle (121-180), en bon stoïcien qui défend une vision du monde tellement proche du christianisme, s'évertue à détester le monde, la vie, le corps, la chair, les désirs, les passions, les pulsions, les plaisirs dans *Pensées pour moi-même*, in *Les Stoïciens*, trad. E. Bréhier, La Pléiade, Gallimard, 1962. Pareilles complaisances pour la pulsion de mort chez Épictète (50-125), *Manuel*, trad. J. Pépin, et *Entretiens*, trad. E. Bréhier, dans le même ouvrage que Marc Aurèle. On retiendra de ces philosophes leur formulation heureuse d'une psychagogie radicale de l'amour et de la sexualité, des honneurs, des richesses et du pouvoir, ainsi qu'un réel talent pour mettre en perspective et ne jamais dissocier la vie quotidienne et la philosophie, la biographie et l'œuvre, la théorie et la pratique. On s'amusera en lisant **Lucien de Samosate** (125-185), philosophe ironiste, comme tous devraient l'être, un peu sceptique, tout autant cynique, vaguement épicurien, mâtiné d'un réel sens de l'observation critique, *Œuvres complètes*, trad. E. Talbot, Hachette, tomes I et II, 1857 — et plus particulièrement *Timon, Hermotime ou le Coq* et *Le Banquet*. Pour les *Philosophes à l'encan*, on préférera la traduction et l'édition commentée de T. Beaupère aux Belles Lettres, tomes I et II, 1967.

IIIe *et* IVe *siècles après Jésus-Christ*

A défaut d'un christianisme platonisé, le platonisme christianisé fait rage. Le néoplatonisme aussi, avec Plotin (204-269) qui propose une mystique de l'Un-Bien, de la Procession et de l'extase utiles pour dédouaner un chrétien un peu haut de gamme qui voudrait se dire philosophe. Le traité « De l'Amour », *Ennéades*, trad. E. Bréhier, tome III, Les Belles Lettres, 1925, permet de faire triompher les thèses platoniciennes du *Phèdre* et du *Banquet* sur ce sujet : haine du corps, célébration du seul registre intelligible, dégoût du monde réel, promotion d'un empyrée idéal. Méthode d'Olympe (moitié du IIIe siècle) s'oppose au néoplatonisme en affirmant dans *Le Banquet* (entre 260 et 290), trad. V.H. Debidour, Cerf, 1963, que la véritable réalisation du platonisme, c'est le christianisme. A la même époque, Diogène Laërce (début du IIIe siècle) rédige ses *Vies et doctrines des philosophes illustres*, traduction récente et excellente édition critique sous la direction de M.O. Goulet-Cazé, Le Livre de Poche, 1999. Ce merveilleux livre permet d'accéder à une mine de renseignements sur nombre de philosophes de l'Antiquité, notamment Aristippe de Cyrène et Épicure. Pendant ce temps, entre le phénix et la torpille, le poète Claudien (370-408) consacre une idylle (!) de quelques vers au porc-épic — à défaut de hérisson —, *Œuvres complètes*, trad. M. Héguin de Guerle, Garnier, 1865. Silence également du fabuliste Avianus sur le petit mammifère, *Fables*, trad. F. Gaide, Les Belles Lettres, 1980. Par ailleurs, les traités sur la virginité, le mariage, le célibat, la monogamie, la condamnation de la chair, le veuvage, le renoncement ne se comptent plus pendant ces années-là. Parmi les représentants les plus en vue sur ce sujet, Grégoire de Nysse (335-395) et son *Traité de la virginité* (371), trad. M. Aubineau, Cerf, 1966, et Augustin (354-430), *Sur le bien du mariage*, trad. G. Combès, Institut d'études augustiniennes, 1992, et *La Virginité consacrée* (401), trad. J. Saint-Martin, *ibidem*. Le triomphe du christianisme, sur lequel nous vivons encore, se confond avec la promulgation par Constantin de l'édit de Milan en 313. Aux premières heures du troisième millénaire, la déchristianisation reste plus que jamais d'actualité.

DU MÊME AUTEUR :

GEORGES PALLANTE, *Essai sur un nietzschéen de gauche*, Folle Avoine, 1989.

LE VENTRE DES PHILOSOPHES, *Critique de la raison diététique*, Grasset, 1989. Le Livre de Poche.

CYNISMES, *Portrait du philosophe en chien*, Grasset, 1990. Le Livre de Poche.

L'ART DE JOUIR, *Pour un matérialisme hédoniste*, Grasset, 1991. Le Livre de Poche.

L'ŒIL NOMADE, *La peinture de Jacques Pasquier*, Folle Avoine, 1993.

LA SCULPTURE DE SOI, *La morale esthétique*, Grasset, 1993 (Prix Médicis de l'essai). Le Livre de Poche, 1996.

ARS MORIENDI, *Cent petits tableaux sur les avantages et les inconvénients de la mort*, Folle Avoine, 1994.

LA RAISON GOURMANDE, *Philosophie du goût*, Grasset, 1995. Le Livre de Poche, 1997.

MÉTAPHYSIQUE DES RUINES, *La peinture de Monsu Désidério*, Mollat, 1995.

LES FORMES DU TEMPS, *Théorie du sauternes*, Mollat, 1996.

LE DÉSIR D'ÊTRE UN VOLCAN. *Journal hédoniste*, Grasset, 1996. Le Livre de Poche, 1998.

LES VERTUS DE LA FOUDRE, *Journal hédoniste II*, Grasset, 1998.

L'ARCHIPEL DES COMÈTES, *Journal hédoniste III*, Grasset, 2001.

POLITIQUE DU REBELLE, *Traité de résistance et d'insoumission*, Grasset, 1997. Le Livre de Poche, 1999.

A CÔTÉ DU DÉSIR D'ÉTERNITÉ, *Fragments d'Égypte*, Mollat, 1998.

THÉORIE DU CORPS AMOUREUX, *Pour une érotique solaire*, Grasset, 2000.

ANTIMANUEL DE PHILOSOPHIE, *Leçons socratiques et alternatives*, Bréal, 2001.

Composition réalisée par EURONUMÉRIQUE

IMPRIMÉ EN ALLEMAGNE PAR ELSNERDRUCK
Dépôt légal Édit. : 13214-10/2001
Librairie Générale Française - 43, quai de Grenelle - 75015 Paris.
ISBN : 2-253-94314-2   ◈ 42/4314/3